이 책은 일반 은총이라는 개혁주의 사상의 핵심 주제가 우리 시대에 어떤 의미를 가지는지를 가장 간략하면서도 깊이 있게 풀어낸 해설서다. 일반 은총론은 칼빈, 카이퍼, 바빙크, 스킬더, 반틸, 도예베르트의 근본 관심사였다. 마우는 이 주제를 다원주의 사회와 문화 속 그리스도인의 공적 삶과 시민 교양 그리고 사회 문화와의 소통과 참여에 연관 지어 논한다. 특히 일반 은총론이, 포스트모던 상대주의를 극복하기 위해 전근대적 자연신학의 독단론을 되살려내려는 또 다른 오류를 막아줄 대안이 될 수 있다고 주장한다. 그리하여 이 고전적 이론이 오늘의 사회와 문화 속에서 신자들이 어떻게 불신자들과 소통을 유지하며 증인으로 살 수 있는지를 보여줄 기초 원리가 될 수 있음을 설득력 있게 보여준다. 마우의 매력은 늘 어려운 주제를 누구나 이해할 수 있는 간단명료한 방식으로 제시하는 데 있다. 마우는 카이퍼가 수천 쪽에 걸쳐 저술한 내용뿐 아니라 후속 논의의 핵심까지도 불과 백여 쪽 속에 압축해냈다. 본래 대작을 쓰기 좋아하지 않는 저자이긴 하지만 특히 이 책은 그가 주제를 얼마나 경제적으로 다루고 있는지 잘 보여준다.

신국원 | 총신대학교 신학과 철학교수

시대를 이끄는 기독교 사상가가 개혁 신앙에서 가장 복잡한 문제를 들고 나왔다. 만약 사람이 예수 그리스도 안의 특별한 은혜 없이 "완전히 타락했다면", 믿는 사람들은 믿지 않는 사람들에게 어떻게 호감을 갖고 다가갈 수 있을까? 과학을 어떻게 진지하게 공부할 것이며, 세상의 관료들을 윤리적으로 존경할 수 있을까? 리처드 마우는 칼빈, 카이퍼, 바빙크, 바르트 같은 쟁쟁한 신학자들뿐만 아니라, 다양한 역사적 신앙고백들을 함께 살피면서, 오늘날의 그리스도인의 공공성에 대해 명료하고도 간결하게, 그리고 흥미롭게 안내한다.

맥스 L. 스택하우스 | 프린스턴 신학교

이 책은 오늘날 기독교계에서 가장 뛰어난 사상가의 신중하면서도 도발적인 중요한 작품이다. 마우는 우리에게 논란이 되어온 일반 은총의 의미와 전통들을 정리할 수 있도록 도와준다. 그렇게 함으로써 개혁주의의 가장 탁월한 주제 중 하나를 모든 교회에게 깨우친다.

티모시 조지 | 샌포드 대학교 비손 신학대학원

마우는 학자적 연구와 목회적 관심, 문화적 연관성을 하나로 모으는 비상한 능력을 갖고 있다. 마우는 지금 우리에게 필요한 기독교 신앙의 모습이 어떤 것인지를 (특히 개혁주의 전통에서) 보여주는 대단한 사람이다. 내가 이 책을 권하는 이유는 내가 지금까지 오랫동안 고민해온 것을 해결하는 데 큰 도움이 되었기 때문이다. 마우는 아주 명료하고 논리적인 근거들을 제공한다. 이 책이야말로 마우가 말하고자 하는 은혜의 증거다.

제럴드 싯처 | 휘트워스 대학교

HE SHINES IN ALL THAT'S FAIR

Culture and Common Grace

문화와 일반 은총

하나님은 모든 아름다운 것 가운데 빛나신다

리처드 마우 지음 | 권혁민 옮김

Holy
WavePlus

The Stob Lectures 2000

매년 가을마다 헨리 스톱(Henry J. Stob)을 기념하여 칼빈 대학(Calvin College)이나 칼빈 신학교(Calvin Theological Seminary)에서 스톱 강연(Stob Lectures)을 개최한다. 스톱 강연은 윤리학이나 변증학, 철학적 신학 분야를 중점적으로 다룬다.

스톱 박사는 칼빈 대학과 칼빈 신학교, 하트포드 신학교(Hartford Seminary), 괴팅겐 대학교(the University of Göttingen)에서 수학한 후 1939년부터 칼빈 대학에서 철학 교수로 재직했다. 1952년부터 은퇴하기까지는 칼빈 신학교에서 철학적 신학과 윤리신학을 가르쳤다. 1996년 생을 마감하기까지 수많은 학생들에게 영향을 끼쳤다.

스톱 강연은 헨리 스톱 재단이 재정을 지원하며, 칼빈 대학과 칼빈 신학교 총장이 참여하고 있는 위원회에서 운영한다.

스톱 박사와 스톱 강연에 관한 자세한 정보는 웹사이트 www.calvin.edu/stob을 참조하라.

차례

Culture and Common Grace

■ 이 책의 원제 "하나님은 모든 아름다운 것 가운데 빛나신다"(*He Shines in All That's Fair*)는 찬송가 "참 아름다워라"(This is My Father's World)의 2절 가사에 나오는 구절이다.

2000년도 스톱 강연에 강연자로 초청을 받고, 조금도 망설이지 않고 수락했습니다. 평생 헨리 스톱 박사님을 무척 존경했으며 그분께 큰 가르침을 받았기 때문입니다. 그분을 기리는 이 자리에서 강연을 하게 되어 참으로 영광입니다.

강연 주제를 무엇으로 할지는 고민할 필요도 없었습니다. 일반 은총에 관련된 이슈들과 논의는 오랫동안 저의 관심사였으니까요. 어떤 면에서 보면, 제 자신의 지적인 순례의 길 내내 일반 은총에 관한 궁금증들이 항상 자리하고 있었습니다. 헨리 스톱 박사님도 바로 이 문제를 오랫동안 고민하셨을 것입니다. 그것도 아주 진지하게 말이지요.

헨리 박사님이 주관하셨던 「개혁주의 저널」(The Reformed Journal) 편집인 모임은 이 문제를 열띠게 논의하느라 길어지기 일쑤였습니다. 제게는 무엇보다도 신선한 자극제이자 칼빈주의 사상을 다루는 세미나와 같았습니다. 본 강연을 준비하면서 스톱 박사님이 만일 이 강연을 들으신다면, 각 장마다 어떻게 말씀하셨을지 눈에 선명하게 그려지더군요. 물론 적지 않는 부분에서 반박도 하셨을 것입니다.

제가 이 문제를 정리하면서 헨리 스톱 박사님에 관한 두 가지 기억이 더욱 선명하게 떠올랐습니다. 두 번 모두 박사님이 공식 석상에서 말씀하신 것입니다. 첫 번째 기억은 스톱 박사님께서, 칼빈 대학 철학 분과가 주최한 강연회 강사로서 "반정립"에 대해 이야기하셨을 때입니다. 아주 놀랍고도 명쾌하여 도저히 잊을 수가 없습니다. 여기에 대해서는 출판된 스톱 박사님의 강연집을 바탕으로 다른 장에서 논의하겠습니다. 스톱 박사님은 아주 명쾌하게 여러 논쟁의 차이점을 구분하셨고, 용어를 명확히 정리하셨으며, 미묘한 뉘앙스에 대해서도 분명하게 말씀해주셨습니다. 두 번째 기억은 스톱 박사님이 미시간 주 그랜드 래피즈에 있는 칼빈 개혁교회(Calvin Christian Reformed Church)의 저녁 예배에서 은혜롭게 설교하셨을 때입니다. 그날 설교 본문은 요한복음 3:16이었습니다. 제가 알기로 박사님이 그날 하셨던 설교는 그분께서 예전에 하셨던 설교를 교인들이 다시 한 번 해달라고 요청해서 하신 것이었습니다. 저 또한 그 자리에서 그분의 설교를 들을 수 있어서 매우 기뻤습니다. 모든 내용을 다 기억할 수는 없지만 스톱 박사님은 우리 죄를 위해 비참하게 버림 당하신 하나님의 아들에 대해 말씀하셨습니다. 갈보리 언덕에서 있었던 사건이 너무도 강렬하게 다가왔던 것을 아직도 생생하게 기억합니다.

두 가지 기억을 통해서 저는 헨리 스톱 박사님이 말씀하신 칼빈주의에 대해 이해할 수 있었습니다. 반정립에 대한 명쾌한 강연과 더불어 우리 주님의 십자가 사랑에 대한 선포는 제 신학 사상의 큰 축이기도 합니다. 그러나 이어서 제가 할 논의로는 박사님이 하셨던 이 두 가지 큰 그림을 모두 전할 수 없을 것입니다. 다만 헨리 스톱 박사님께 배웠던 제자로서 감사하는 마음으로 본 강연을 준비하였습니다.

이 책의 각 장들은 제가 2000년도 스톱 강연에서 했던 강연을 개정하여 실은 것입니다. 다만 전택설과 후택설을 다룬 장은 예외입니다. 그 장은 강연 전에 「칼빈 신학 저널」(Calvin Theological Journal)에 실린 부분입니다. 그 주제를 통해 이번 강연의 출발점이 어디인지를 알 수 있을 것입니다. 그 장을 포함시킴으로 인해 전체적인 논의의 뿌리를 분명히 알 수 있을 것입니다.

스톱 강연에 초대해주신 칼빈 대학과 칼빈 신학교에 감사드립니다. 또한 어드만 출판사(Eerdmans) 존 포트(Jon Pott) 부사장님이 조언해주지 않았다면 이 책을 출판할 수 없었을 것입니다. 존은 「개혁주의 저널」 모임에서 헨리 스톱 박사님을 오랫동안 연구해온 소그룹의 구성원이기도 합니다. 더욱 감사한 것은 존과 함께 이번 프로젝트를 함께 준비하면서 지난 시절을 돌아볼 수 있었던 것입니다. 격렬했던 신학적인 논쟁과 더불어 즐거운 시간도 함께 나누었지요.

그러나 안타깝게도 슬픔도 찾아오더군요. 젊었을 때 우리와 함께했으며 「개혁주의 저널」의 동료였던 말린 반 엘더렌(Marlin

Van Elderen)이 얼마 전 때 이르게 하늘나라로 간 사실도 떠올라 한참을 슬퍼했습니다. 재치 있고 지혜로웠던 말린에 대한 따뜻한 기억이 이 책 곳곳에 담겨 있습니다.

제1장　공통성에 대한 고찰

:: 일반 은총의 축구

Thinking about Commonness

미국 개신교에서 어린 시절을 보냈다면, 누구나 예수님의 사랑에 대한 찬양을 배웠을 것이다. 나도 마찬가지였다. "예수 사랑하심은"과 "예수님은 온 세상 어린이를 사랑하셔" 찬양은 어릴 적부터 항상 들어왔다. 이런 찬양은 하나님의 사랑을 송축하고 있다. 특히 하나님의 사랑 가운데, 온 인류를 사랑하시는 "포괄적인"(inclusive) 사랑을 찬양한다.

어떤 피부색이든,
붉든 황색이든, 검든 희든
그분께는 모두가 소중해
예수님은 온 세상 어린이를 사랑하셔

이와 대조적으로, 나는 미국 네덜란드개혁교회(Christian Reformed Church) 주일학교 시절에는 이런 찬양도 배웠다.

문은 하나, 오직 하나,

그러나 하나의 문에는 안쪽과 바깥쪽이 있어.

나는 안쪽에 있는데, 너는 어느 쪽에 있니?

예수님이 베푸시는 사랑에 대해 찬양할수록, 나도 그 구원을 받았음을 더욱 확신하게 되었다. 그러나 아주 어린 나이였음에도 불구하고, 나는 "문은 하나"라는 찬양이 무엇을 뜻하는지도 알았다. 세상에는 두 종류의 사람이 있는데, 한 부류는 예수님이 특별하게 선택하신 사람들이고, 다른 한 부류는 그렇지 않은 사람이라는 것이다. 어떤 사람들은 문 안에 있지만, 나머지 사람들은 문 밖에 있어야 한다. 그 외에 다른 부류의 사람들은 없다. 여기서 가장 중요한 것은, 이 두 부류 중 어느 부류에 속하느냐였다. 아주 어릴 때였지만, 나는 이런 근본적인 차이점을 분명히 이해했다. 온 세상을 향한 예수님의 사랑을 아무리 많이 찬양할지라도, 나는 결코 보편구원론자(universalist)가 될 수 없음도 알았다.

나는 항상 이분법적인 태도를 배우며 자랐다. "영적인"(spiritual) 것을 최고로 여기는 경건한 복음주의 배경에서 자랐기 때문이다. 영적이라 함은 "세속적인"(worldly) 것과는 정반대를 의미했다. 세속적인 비기독교 문화와 분리하여 경건하게 살기 위해서는, 세상적으로 보이는 모든 것들을 정죄해야만 했다. 이러한 이분법적인 태도는 더욱더 굳어져갈 수밖에 없었다.

그러나 성인이 되어, 개혁주의 신학을 접하고부터는 이분법적인 경건주의를 버리게 되었다. 그러나 나는 기독교 공동체가 타락한 세상 문화와 맞서 싸우며 거룩하게 살도록 부르심을 받았다는 경건주의적인 기본 원칙을 여전히 지지한다. 역사적으로도 경건한 설교자들이 선포한 가르침을 비롯해서, 그리고 무엇보다도 성령의 영감으로 말씀을 기록한 한 사도의 외침처럼, "이 세상이나 세상에 있는 것들을 사랑치 말아야" 한다. 왜냐하면 "세상을 사랑하면 아버지의 사랑이 그 속에 있지 아니"하기 때문이다 (요일 2:15-16).

대학교 시절에는 우리가 믿는 기독교가 세상의 사상이나 문화와 어떤 관련성이 있는지 몹시 궁금했다. 그래서 사실 큰 진지함은 없이 개혁주의 목사 친구에게 몇 가지 질문을 했다. 그때 그 친구가 내게 준 것이 바로 코넬리우스 반틸(Cornelius Van Til)의 『일반 은총』(Common Grace)[1]이라는 소책자였다. 나는 그 책을 읽고 또 읽었다. 그 책의 저자 반틸은, 그때 당시 내가 막 알기 시작한 아브라함 카이퍼(Abraham Kuyper)나 헤르만 훅세마(Herman Hoeksema)와 같은 사상가들의 사상을 분석하고 대조해가면서, 일반 은총에 대한 자신의 견해를 풀어내고 있었다. 그때 나는 일반 은총이라는 주제가 중요하다는 것과 이 문제를 다뤄온 칼빈주의가 얼마나 체계적인지를 비로소 인식하게 되었다.

여기서 나는 칼빈주의 전통에서 논란이 되어왔던 "일반 은총"의 개념을 숙고해보고자 한다. 그리스도인들이 구원의 은혜를 경험하지 못한 자들과 공통적이라고 할 수 있는 것이 무엇이며,

죄인들이 하나님과 회복되는 관계를 맺도록 하는 것은 무엇일까? 역사적으로 여러 칼빈주의 공동체에서, 이와 관련된 문제들을 다양하게 논의해왔다. 그러나 여기서는 네덜란드 칼빈주의에 초점을 맞추어 논의할 것이다. 왜냐하면 네덜란드 칼빈주의는 그러한 문제에 대해 다른 어느 곳보다 열띤 논쟁을 해왔기 때문이다. 심지어 교회가 분열될 정도로 그들의 논쟁은 치열했다.

공통성에 대한 관심의 증대

칼빈주의자들이 이 문제에 대해 서로 논쟁한 것을 살펴보기에 앞서, 현대 그리스도인 중 상당수가 이 문제를 중요하게 여기고 있다는 사실을 지적하고 싶다. 향후 얼마 지나지 않아 "공통성"(commonness)에 대한 문제가 다양하고 광범위하게 신학적으로 논의될 것이 분명하다. 또한 이 주제를 다루면서 흥미롭게 관찰할 수 있는 점은—특히 개신교 내에서—이 주제를 다뤄오던 방식에 있어서 어떤 역할의 역전이 일어나고 있다는 점이다. 과거에 그리스도인과 비그리스도인들의 차이점을 강력히 주장했던 사람들이, 현재에는 공통성의 신학을 탐구하고 있다. 반면 과거에 그리스도인과 비그리스도인들의 공통성을 강력히 주장했던 사람들이 이제 차이의 신학에 몰두하고 있다.

복음주의를 살펴보자. 많은 복음주의자들이 문화를 이해하는 틀은 대체적으로 과거의 전통적인 경건주의의 영향에 따라 형성되었다고 볼 수 있다. 그 경건주의는 긴밀히 연관된 세 가지로 요약할 수 있다. 첫째는 교회를 남은 자의 관점으로 이해하는 것이다. 이러한 관점을 지닌 신앙인들은 자신들을 신앙에 적대적인 세상 한가운데 있는 작은 무리의 양 떼로 이해한다. 둘째는 과도하게 적대적인(over-againstness) 삶의 방식이다. 신자라면 지배적인 문화로부터 분리되어 사는 것이 당연하며, 그런 삶의 방식을 미덕으로 여긴다. 마지막으로는 비관적으로 미래를 바라보는 종말론적 관점이다. 그런데 이상하게도 과거 이러한 특징을 지녔던 복음주의 공동체들이, 이제는 아주 다른 신학적 방향으로 변형되고 있다. (분리를 주장하던) 그들은 이제 대형교회를 건설하고 있으며, 심지어 "문화 전쟁"(cultural wars)에서 어떻게 승리할 것인가에 혈안이 되어 있다. 더욱이 얼마 전에 그들 중 일부는, 자신들이야말로 미국인의 삶을 대표하는 도덕적 주류(moral majority)라고 선언하기까지 했다. 이런 저런 방식으로 지난 수십 년 동안, 공통성에 대한 주제는 복음주의자들 사이에서 새로운 관심사가 되었다.

이와는 아주 다른 경우도 있다. 주류 개신교계 분파 내에서, 일부 목회자들은 의도적으로 공통성을 비판하고 나섰다. 최근에 『포로기의 복음: 세 명의 목회자가 나눈 교회를 향한 소망의 비전』(Good News in Exile: Three Pastors Offer a Hopeful Vision for the Church)이라는 책이 발간되었다. 세 명의 저자는 모두 주류 교단에 속한 목회자로서, 복음과 문화를 연속선상에서 보는 자유주의적인 가르침을 벗어나, 각자가 어떻게 신앙적으로 순례의 길을 걸었는지를 설명하고 있다. 마틴 코펜하버(Martin Copenhaver) 목사의 이야기는 이러한 면을 잘 보여준다. 매사추세츠의 웰리즐리 회중교회의 담임 목사인 코펜하버는 자신을 "미국 자유주의 개신교의 어린이(제자)"라고 묘사한다. 그가 자라면서 들었던 복음이라는 것은 그의 무신론자 친구가 자유주의 설교에 대해 묘사한 것에 모두 들어 있다고 한다. "너는 심리학자가 이렇게 말했고, 역사가가 저렇게 말했고, 「뉴욕 타임스」 사설은 이렇게 말했다는 이야기를 들을거야. 그러고는 설교가 이렇게 끝이 나지. '아마도 예수는 그것이 최선이라고 말씀하실 것입니다.'" 그러나 이제 코펜하버는 아주 다른 메시지를 선포하고 있다. 그 메시지는 "인간이 지금껏 쌓아온 지식"에 편승하기를 거부한다. "아마도 예수는 그것이 최선이라고 말씀하실 것입니다" 대신에, 코펜하버는 이제 그분의 부르심에 따라, 이렇게 선포할 수밖에 없음을 분명히 확신하고 있다. "당신은…라고 들었겠지만, 예수님은 당신에게…라고 말씀하십니다!"[2]라고 말이다.

듀크 대학교의 교목실장으로 잘 알려진 윌리엄 윌리몬(William Willimon) 목사도 비슷한 경우를 말하고 있다. 윌리몬 목사는 주류 개신교에서 (복음과 문화의) 연속성을 강조하는 것이 잘못됐다고 철저히 지적했다. 윌리몬 목사는 자유주의 성공회 주교 존 쉘비 스퐁(John Shelby Spong)이, 상식이 있는 사람이라면 어떻게 물리학을 전공한 스퐁의 딸이 육체의 부활을 믿을 것을 기대할 수 있겠냐고 물은 것을 예로 든다. 윌리몬은, "아마도 결론은 스퐁의 딸의 몫이겠지요…즉 스퐁의 딸이 상상력을 얼마나 적게 발휘하느냐에 달려 있겠지요…만약 현대인들이 사고하는 인식의 틀이 너무 좁아서, 말씀 본문을 올바로 이해할 수 없다고 칩시다. 그렇다고 본문 자체가 잘못되었다고 비난할 수는 없습니다"라고 말한다. 윌리몬은 만약 현대인들이 "제한된 인식의 틀에 갇혀 있다면"(epistemologically enslaved),[3] 그들이 복음을 들으리라는 것을 기대할 수 없을 것이라고 주장한다.

윌리몬이 주장하는 바를 들으면 현대인이 복음을 잘 이해하지 못하는 것이 일부 특별한 현대 사상의 영향에 사로잡혔기 때문이라고 생각할 수도 있을 것이다. 그러나 윌리몬과 그의 동료들은 더 전반적인 면에서 인간의 인식의 틀에 문제가 있음을 분명하게 지적하고 있다. 다시 말해 사람들이 그리스도의 메시지를 받아들일 수 없을 때에는 그 메시지 자체에 그 책임이 있다는 것이다. 복음이 그러하듯 그 메시지는 우리를 괴롭히는 문제의 해결책이 우리 자신을 넘어선 그 어딘가에 있다고 주장하고 있다.[4] 그들은 그리스도의 변혁적인 능력만이 해결책인 이러한 문제들을 그리스도가 어떻게 재정의하는지를 고려하지 않고서 복음의 "해결책"을 생각하는 것만으로는 충분치 않다고 주장한다.

공통성의 발견

이제 주류 개신교 내에서, 과거 자유주의가 인간의 본성에 대해 긍정하고 낙관론을 펼친 데 대해 명쾌하게 비판하고 있다는 점은 참으로 반가운 일이다. 오랫동안 그리스도인들과 비그리스도인들의 삶과 사상이 대립적이라고 주장해온 칼빈주의자들은 이러한 대립되는 모티브들을 환영할 것이다. 그러나 어떤 면에서는 구원받은 자들과 그렇지 않은 자들 사이의 의식의 차이점을 비판하고 구분하는 것이 너무하게 느껴질 정도로 단호해 보인다. 그럼에도 불구하고 우리가 차이점에 대해 경계하는 점을 배우는 일은 참으로 필요하다고 생각한다. 심지어는 이러한 "차이점"에 대해 전혀 타협하지 않는 보수적인 칼빈주의자에게도 배울 점이 많다.

그러나 이러한 차이점과 더불어 오늘날 우리에게 중요한 것은 인간의 공통성에 대해 올바른 입장을 세우는 것이다. 그리스도를 믿는 자들과 그렇지 않은 자들 사이의 공통분모를 어떤 토대 위에 세워야 하는지에 대해 우리는 신중하게 접근해야 한다. 특별히 이러한 질문은 성경적 관점에서 그리스도인들이 세상 가운데서 어떻게 살 것인가를 논의할 때 중요하다. 더욱이 오늘날의 시대적 상황은 인간의 공통성을 새롭게 재조명해야 할 시점에 이르렀음을 알려준다. 과거에는 기독교가 영향력 있는 비기독교적 사고 체계에 대안을 제시하기 위해서, 기독교적 공통성의 신학을 논의하기 시작했다. 어떤 면에서 이러한 시도는, 기독교가 세상을 향해 짊어져야 할 책임감에서 비롯되었다고 할 수 있다. 예를 들어, 아우구스티누스는 플라톤주의자들의 주장처럼 이성의 "빛"이 모든 인간의 마음을 비춰준다고 하면서도, 플라톤주의자들의 주장들이 부적절함을 지적하였다. 그 이유는 그 주장들이 예수 그리스도의 인격 안에서 영광으로 나타난 "각 사람에게 비취는 참 빛"(요 1:9)을 인정하지 않기 때문이라고 지적했다. 비슷한 맥락에서 토마스 아퀴나스도 인간의 잠재력에 대해 긍정하고 있는 아리스토텔레스를 지지하면서도, 마찬가지로 그의 사상을 수정해서 자신의 사상을 전개해나간다. 근대의 수많은 그리스도인들도 인간에 대한 다양한 계몽주의적 묘사에서 두드러지는 특징인 인간의 보편 이성에 대한 성경적인 근거를 찾으려고 노력했다.

그러나 오늘날 공통성을 논하는 그리스도인들의 어조는 다르게 다가온다. 왜냐하면 비공통성(un-commonness)에 대한 의식이 너무 널리 퍼져 있기 때문이다. 비공통성에 의한 갈등의 양상은 모든 영역에서 너무도 분명히 나타나고 있다. 종족 간의 전쟁이나 민족 간의 대립은 전 세계 곳곳에서 인간의 삶을 황폐화시키면서 드러난다. 지적인 영역에서 나타나는 대립은 보편적이며 공통적인 인간성을 논하는 데 있어 세상은 "하나의 거대한 체계"(meta-narrative, 거대 담론)의 질서 아래 움직인다는 사상을 공격하는 것으로 드러난다. 이 세상을 이해하는 데 있어, 하나의 거대한 체계만 있다고 주장하는 것은 어리석다고 한다. 왜냐하면 그러한 논리 자체가 억압적이기 때문이라는 것이다. 그래서 모든 인간을 하나의 공통된 "이야기"(story) 속으로 종속시켜 이해하려는 시도는 권력을 가진 자들의 만용일 뿐만 아니라, 한 공동체가 나머지 공동체에 대해 헤게모니를 잡으려는 시도로 본다. 스스로를 "포스트모더니즘" 사상가라고 말하는 이반 하산(Iban Hassan)은, 오늘날 우리가 "고정된 법칙이 없는 시대"(an antinomian moment)에 살고 있기 때문에, 인간성을 하나의 담론으로 전체화(totalizing)하여 설명하려는 어떠한 노력도 공격을 받고 해체될 수밖에 없다고 말한다. 이렇게 "전체들의 독재"를 거부하는 포스트모더니즘의 현상은 이제 우리가 인식론적으로 파편 조각들만 붙들고 살아야 함을 의미한다고 그는 말한다.[5]

이러한 시대의 흐름 속에서 인간의 공통성에 대한 확실한 기초를 찾는 작업은, 현대적인 삶의 방식과 사상을 불편하게 하는 믿음에서 시작해야 한다. 그러나 그저 공통성을 단언하는 것만으로는 충분하지 않다. 지금이야말로 성경의 메시지를 전면 부인하는 자들에게 그들이 우리 그리스도인과 어떤 공통점이 있는지 기독교 기본 진리를 통해 분명히 이해시켜야 할 중요한 때다. 기독교 전통 속에는 인간의 공통성에 대한 자료들이 많이 존재해 왔다. 문화적 차이점을 강조하는 상대주의 문화의 영향력을 염려하는 기독교 사상가들은 이 전통을 새롭게 조명하고 있다. 이를 분명하게 볼 수 있는 분야는 "자연법"(natural laws)에 관한 전통이다. 다양한 전통 출신의—특히 가톨릭과 복음주의 출신의—그리스도인들이 자연법이라는 주제가 어떻게 현 시대에도 적용될 수 있는지에 관한 대화에 관여해온 것을 살펴보는 것은 즐거운 일이다.[6]

앞으로 이어질 칼빈주의자들의 일반 은총 논의는 현 시대의 공통성과 차이성을 논의하는 데 있어 아주 중요한 하나의 자료가 되리라 확신한다. 그러나 여기서 나는 자연법 사상과 일반 은총 신학 가운데 우열을 가리려고 시도하지는 않을 것이다. 다만 일반 은총에 관한 이러한 논의들은 이를 다른 식으로 이야기하는 것으로는 드러나지 않을 문화와 신앙에 대한 민감한 부분을 잘 드러내줄 수 있다고 확신한다. 분명 이렇게 중요한 칼빈주의의 논의가, 기독교 진영 내에서 너무도 오랫동안 간과되어온 것이 사실이다. 부디 나의 이 노력을 통해서라도, 네덜란드 개혁주의가 일반 은총에 대해 심혈을 기울여온 정성이 더욱 멀리 전파되길 소망해본다.

제2장 "라바디스트"들의 교훈

:: 일반 은총에 대한 반대

Lessons from the "Labadists"

1920년대 미국 네덜란드개혁교단 내에서 공통성에 대한 격렬한 논쟁이 벌어졌고, 이는 급기야 교단의 분열까지 초래했다. 당시까지 미국 네덜란드개혁교단의 지적 풍토는 몇몇 네덜란드 사상가들의 영향 아래 있었다. 하나님은 선택하신 자들에게만 구원의 은혜를 베푸시며, 인류 모두에게는 공통적으로 일반 은총을 베푸신다고 이해해왔다. 그러나 미국 미시간 주 그랜드 래피즈의 유명한 목회자이자 신학자인 헤르만 훅세마는 이 사상에 반대했다. 훅세마는 자신의 견해를 설득력 있게 아주 조목조목 피력했지만 주류 대다수는 이를 달가워하지 않았다. 이에 1924년 교단 총회에서는 이 문제에 대한 공식적인 입장을 발표하여 이 문제를 정리하고자 했다. 모든 인간을 향한 하나님의 은혜는, 구원의 은혜는 아니지만 분명히 존재한다는 것이다. 마침내 이를 세 가지로 정리했다. 하나님의 은혜는 (1) 모든 피조물에게 비와 햇빛과 같은 자연의 선물을 공통적으로 주셨으며, (2) 모든 인간사에 죄를 억제하심으로써, 거듭나지 못한 자들이 타락한 본성을 따라 행할

수도 있었을 모든 악을 행하지는 않도록 방지하시고, (3) 믿지 않
는 자들 또한 공공의 선을 행할 수 있도록 허락하셨다는 것이다.
그러나 훅세마는 교단 총회의 결정에 동의하지 않았고, 이에 교
단을 떠나기로 결심했다. 그는 그를 지지하는 몇몇 회중과 목회
자와 함께 네덜란드개혁교단을 떠나 1925년에 개신교개혁교단
(the Protestant Reformed Churches)을 설립했다.[1]

이 논쟁이 발생한 지 75년 이상이 지난 지금, 논쟁의 구체적
인 내용은 대부분 잊혀졌다. 오늘날에는 개신교개혁교단 내에서
만 일반 은총 교리를 비판하고 있다.[2] 그러나 당시 논쟁의 구체적
인 내용들은 오늘날에도 여전히 시사하는 바가 크다. 칼빈주의의
주요한 분파에 속하는 자들이라면 1920년대에 있었던 당시 논쟁
을 다시 살펴보는 것이 오늘날 교회와 교회 바깥 문화와의 관계
성을 이해하는 데 매우 유익한 일이 될 것이다.

새로운 사회적 상황

논의를 시작하기 앞서, 당시 논쟁의 시대적인 상황과 현재의
상황이 어떻게 다른지 알아보는 것이 유익하리라 생각된다. 제임
스 브랫(James Bratt)은 1920년대가 중서부 네덜란드계 미국인들
에게 "미국화가 진행되는 중요한 10년"의 기간이라고 주장하면
서,[3] 이 논쟁이 당시 시대적 상황 속에서 일어났다고 설명하고 있

다. 당시 네덜란드계 미국인들은 이민 1세대나 2세대로서, 차츰 당대 문화에 익숙해져갔다. 미국적인 삶의 방식에 더 익숙해질수록, 다르다고만 생각했던 다른 동료 시민들이 더 이상 다른 존재로 보이지 않았다. 특히 네덜란드계 미국인들이 비네덜란드계 이웃들에게 자신들보다 더 나은 점들이 있음을 발견해감에 따라, 그들과 이웃들 사이에 존재하는 유사점들이 이전과는 다른 방식으로 이해될 수밖에 없었다. 대부분의 네덜란드계 미국인들에게는 일반 은총 논쟁에서 대두된 "공통성"에 대한 문제가 과거와는 달리 긍정적인 의미를 지니게 된 것이다. 이러한 배경 설명은 결코 사회학적인 이유 때문에 신학적인 문제를 경시하려는 것이 아니다. 다만 신학적인 논쟁이 있었던 그 당시 사회적 상황을 이해해야만 문제의 핵심을 제대로 파악할 수 있다.

일반 은총이 오늘날에도 여전히 중요한 신학적 주제임을 이해하는 사람이라면, 미국화의 문제가 논의에서 더 이상 중요한 요소가 아님을 안다. 몇 세대 전까지만 해도 네덜란드계 미국인들과 다른 복음주의자들은 자신들이 주요 문화의 변두리에 살고 있다고 생각했다. 그때는 주요 문화 밖에서 그 문화를 어떻게 받아들이냐의 문제가 중요했으나 지금은 상황이 다르다. 새로운 기술의 발달과 사회적인 유동성에 따라 지배적인 거대 문화가 이미 우리 삶에 상당 부분 침투해 들어와 있다. 따라서 일반 은총에 관한 논의는 이제 이렇게 바꿔 묻는 것이 더 나을 것이다. 우리가 비그리스도인들과 공유하는 일반 문화 영역의 공통성이 지금까지 어느 정도나 복음에 대한 우리의 헌신을 약화시켰나?

지적인 변화

역사적으로 일반 은총 논쟁이 일어났던 시대는 계몽주의 사상이 사회 문화 전반적으로 만연한 때였음을 기억해야 한다. 이 논쟁에 참여했던 네덜란드계 칼빈주의자들도 이 사실을 너무도 잘 알고 있었다. 일반 은총에 찬성하는 입장이든 반대하는 입장이든, 칼빈주의 관점에서는 다음과 같은 계몽주의 사상이 불쾌하기 짝이 없었다. 계몽주의는 모든 인간이 궁극적으로 보편적인 이성을 지닌 "중립적인"을 존재임을 주장했다. 이 논쟁이 발생한 지 60년 후, 헨리 스톱(Henry Stob) 역시 인간의 사고 능력은 도저히 중립적일 수 없다는 것(non-neutrality)을 강조한 바 있다. 스톱은 "세계를 바라보는 관점은 이론에 따라 결정되는 것이 아니라 선택의 문제다"라고 말했다. 이어 그는 "세계관에 있어서 선택의 문제는 종교적 결정의 반영이며 믿음의 행위다"라고 덧붙였다. 이것이 의미하는 바는 구원받은 자와 구원받지 않은 자는 세상을 "아주 다른 방식으로 보고, 해석하고, 이해함"을 의미한다. 그러한 대립되는 관점들은 "지적인 영역으로까지 깊게 확장되며 모든 이론의 영역에 중대한 영향을 끼친다."[4] 그러나 여전히 일반 은총 교리는 세상의 사상과 기독교 사이에 접촉점을 찾는 데 긍정적인 문을 열어주고 있다. 스톱은 "모든 인간이 하나님께서 만드신 피조된 존재라는 공통분모 내에서 일반 은총을 논의할 수 있으며, 지성의 영역에서 그리스도인과 비그리스도인이 공유하고 있는 이성을 통해 서로 나누는 지적인 대화 내에서 의미 있는 대화와 논쟁이 가능하다"[5]고 본다. 스톱은 이러한 점을 인정한 다음에야 비로소 비중립성에 대한 자기의 주장을 펼쳤다.

오늘날 우리가 사는 세상의 지적인 관점에서 돌아보건대, 이미 스톱 박사가 이 주제에 대해 논의한 지 20여 년이 지났지만, 인류 보편의 공통적인 이성에 관한 주제가 우리의 동시대 세속주의자들로부터 쉽게 나오지 않음을 알 수 있다. 오히려 깊은 차이점에 대한 강조가 친숙하게 귀를 울린다. 오늘날 포스트모더니즘 흐름에서 수많은 사상가들은 하나의 보편적인 원칙이 존재한다는 "계몽주의 기획"(Enlightenment project)이 사라지는 것을 환영하고 있다. 대신에 다양한 세계관들은 서로 소통이 불가능하고(incommensurability), 하나의 획일화된 거대 담론(universalizing meta-narrative)도 존재할 수 없다고 주장한다. 심지어 모든 추론은 비합리적인 요소에 따라 결정된다고 주장한다. 그래서 이러한 상황 속에서 한 칼빈주의자는 인간의 보편성과 보편적인 이성 능력을 주장하면서도, 현대의 포스트모던적인 관점에 대해서는 반대를 주장하고 있다. 이렇듯 현대의 문화적인 혼돈 속에서 변화하는 현실 자체만으로도 일반 은총 신학은 재검토할 가치가 충분하다.

신비의 탐구

일반 은총 논쟁이 있었을 1920년대 당시, 미국 네덜란드개혁교단의 신학자이자 원로 정치가였던 포페 텐 호어(Foppe Ten Hoor) 교수는 중요한 신학 논쟁에는 어디든 참여하는 적극적인 신학자였다. 그러나 그는 일반 은총 문제에 관해서만은 머뭇거리며 주저했다. 한 보고에 따르면, 텐 호어 교수는 자신의 공식적 입장을 이렇게 발표했다고 한다. "나는 이 문제에 관해 40여 년 동안이나 연구했으며, 일반 은총이라고 여길 만한 것이 있음도 확신했지만, 그러나 그것이 무엇인지는 정확히 모른다." 이 보고서의 기록자가 바로 헤르만 훅세마다.[6] 그는 텐 호어 교수의 발언을 근거로 하여, 일반 은총이라는 주제가 신학적으로 혼란스러운 주제임을 주장했다. 그러나 나는 다르게 생각한다. 오히려 텐 호어 교수는 일반 은총이라는 주제에 관한 심오한 관점을 제공하고 있는 듯하다.

나 역시 텐 호어 교수와 마찬가지로 이 주제에 관해 연구한 지 약 40년이 되었지만 그와 같은 결론에 도달했다. 일반 은총이라고 부를 만한 것이 존재한다고 확신할 수는 있으나, 그것이 무엇인지 명확히 알 수 없다는 사실 말이다. 명확히 알 수 없다고 주장하는, 어쩌면 무지해 보이기까지 하는 이 고백이 부끄럽지 않다. 오히려 내가 확신하는 바는 우리는 분명 알 수 없는 영역, 즉 하나님의 신비 앞에 서 있다는 것이다. 그러나 우리 주님이 니

고데모에게 말씀하신 것처럼, 특별 은총의 영역 또한 신비 속에 가려져 있음을 기억해야 한다. "바람이 임의로 불매 네가 그 소리는 들어도 어디서 와서 어디로 가는지 알지 못하나니 성령으로 난 사람도 다 그러하니라"(요 3:8).

은혜가 어떻게 작용하는지에 관한 신비의 영역에 대해서는 그저 알 수 없을 뿐이라고 단순히 말할 수 있는 일이 아니다. 하나님의 구원하시는 방법에 관해서는 최종적으로 알 수 없지만, 그렇다고 이 주제를 명확히 밝혀내기 위해 구체적으로 논의하는 것마저 포기하라는 의미는 아니다. 우리는 분명 혼란스러운 관점들에 도전할 수 있을 정도의 결론을 찾을 수 있을 것이다. 우리는 이와 같은 노력을 통해서 일반 은총에 드리워진 신비의 영역 또한 알아갈 수 있을 것이다.

과거 일반 은총에 관한 논쟁은 신학적으로 매우 복잡한 부분까지 건드리는 논쟁이지만, 여기서는 그 모든 부분을 다루지는 않을 것이다. 구체적으로 일반 은총 교리가 지금 우리의 맥락에서 문화를 이해하는 데 시사하는 바에 초점을 맞출 것이다. 구원하는 은혜는 아니지만, 인간 문화의 상호 발전을 촉진시키는 일반적인 영역에서 은혜라고 불릴 만한 것이 존재하는가? 다시 말해, 선택받은 자와 선택받지 않은 자 모두에게 공통으로 베푸시는 하나님 입장에서의 은혜가 존재하는가? 그리고 그렇기에 그리스도인들이 믿지 않는 자와 협력하거나, 더 나아가 그들에게 무엇인가 배울 수 있게 할 근거를 제공하는 그런 일반적인 은혜가 과연 존재하는가?

사실 나는 일반 은총을 지지하는 자들에게 관심과 애정이 많으나, 그 반대편에 선 자들의 논리도 경청할 필요가 있다고 생각한다. 분명 우리가 일반 은총이라는 주제를 건전한 방식으로 사용하고자 한다면, 일반 은총을 반대하는 자들의 견해와 근거를 꾸준히 잘 검토해야 한다. 따라서 일반 은총에 반대하는 견해에 대해 이제 좀더 구체적으로 논할 것이다.

반정립과 "자연적 지성"

칼빈주의자들은 일반 은총을 논의할 때, 전통적으로 반정립(antithesis)의 개념을 끌어들여왔다. 반정립은, 일반 은총을 찬성하든 반대하든 간에 사상가들 사이에서 일반 은총에 대한 강조와 긴장 관계에 있는 것으로 이해되었다. 일반 은총을 반대하는 사상가들에게는 이러한 긴장 관계 자체가 일반 은총이 거부되어야 하는 이유였다. 반면 일반 은총을 옹호하는 사상가들은 이러한 긴장 관계를 반드시 인식해야 하며 받아들여야 한다고 주장한다.

헨리 스톱은 이 주제에 관한 자신의 논문에서 반정립이라는 용어는 "*anti*"(반대하여)와 "*tithemi*"(놓다)의 합성어라고 설명하며 논증을 시작한다. 이는 "두 개의 개체, 두 개의 시간, 두 개의 원리가 서로 대립되어 놓여 있는 상태를 묘사하는 것을 의미한다."[7]

이 용어가 철학사에서 주목을 받은 것은 칸트와 헤겔의 영향 때문이다. 그러나 19세기 네덜란드의 신칼빈주의 사상가들은 이 철학적 반정립 개념을 자신들의 신학적인 용도로 사용했다. 아브라함 카이퍼와 다른 사상가들은 자주 "그(the) 반정립"이라고 언급하였고, 이로써 어떤 극단적인 대립의 상태를 의미했다. 스톱은 말하기를 이 네덜란드의 사상가들에게 "그 반정립"은, "하나님과 사탄, 그리스도와 적그리스도, 여자의 후손과 뱀의 후손, 교회와 세상의 관계처럼 동등한 힘의 균형을 갖고 있지는 않으나 실제적으로 타협할 수 없는 대립의 상태를 의미한다"[8]고 설명한다.

물론 반정립이라는 개념 자체는 칼빈주의 사상 초기부터 존재했다. 칼빈 자신도 이 용어를 사용했는데, 이는 이후 19세기 네덜란드 칼빈주의자들이 이 용어를 더 전문적으로 활용하도록 기초를 마련한 셈이다. 칼빈은 한 사람이 회개하면 하나님은 은혜를 통해 그의 의지를 바꿔주신다고 주장했다. 부패한 악한 의지가 선한 의지로 변화되면 인간은 새로운 피조물이 되며, 이는 인간에게 공통적으로 존재하는 부패한 본성(common depraved nature)을 사라지게 한다는 것이다. 칼빈은 에베소서 2장에서 바울이 주장한 "아담과 그리스도 사이의 반정립 때문에"[9] 이러한 변혁적인 행위가 반드시 필요하다고 말한다.

칼빈이 거듭나지 않은 지성(un-regenerated mind)에게 진리와 선을 발견할 수 있는 능력이 있다고 말한 부분은 역사적으로 많은 논란을 일으켜왔다. 분명 칼빈의 저서에는 일반 은총 교리의 발전에 동의할 법한 주장이 언급되어 있다. 그중 한 가지를 꼽자면, 칼빈은 하나님이 죄를 억제하지 않으시면 잔혹한 인간의 죄성 때문에 세상이 곧 파멸될 것이라고 확신했다. 하나님은 거듭나지 않은 인간들이 사악한 노력을 할 때에는 "그들에게 굴레를 씌우셔서 속박하시고 죄를 억제하신다. 특히 주님은 그분이 지으신 우주 만물을 보존하시기 위해 그렇게 하신다."[10] 그러나 칼빈은 또한 타락한 인간의 능력에 관하여 좀더 긍정적인 용어들을 사용한다. 죄는 우리의 공유된 사회적 본성을 파괴할 수 없다. 왜냐하면 "모든 인간의 지성에는 공공의 규율과 규범을 다룰 수 있는 보편적인 정신이 새겨져 있기" 때문이다. 이런 이유로, "누구라도 모든 인간 조직체가 정해진 법칙에 따라 규제되어야 함을 이해하며, 필연적으로 그 법칙의 근본 원리를 이해할 수밖에 없다."[11]

칼빈은 주로 고대 로마 법학자와 수사학자의 글을 집중적으로 연구했는데 그중 세네카(Seneca)를 특히 좋아했다. 분명히 칼빈은 지적인 영역에서 이방 사상가들에게 빚을 지고 있음을 인정했다. 칼빈은, "공통적으로 모든 인간 안에 심겨진 이성과 이해력은 하나님이 경건한 자와 불경건한 자 모두에게 심어주신 것이며, 이는 자연의 영역에서 주어지는 인류 보편의 선물로 간주해야 한다"고 주장했다. 실로, 모든 인간은 자신에게 심겨진 보편적인 이성을 "하나님의 특별한 은혜"(a peculiar grace of God)[12]로 인정해야 한다고 덧붙였다. 특별히 세상에서 비기독교 사상가들의 탁월한 업적을 발견할 때마다 칼빈은 다음과 같이 우리에게

충고한다.

우리는 세상의 사상가들의 작품이 신앙의 총체적인 관점에서 보면 타락하고 부패함이 틀림없지만, 그래도 그렇게도 칭찬할 만한 진리의 빛이 그들 가운데 있음을 우리는 인정하며, 인간 이성의 영역도 하나님의 탁월한 은총으로 말미암는다는 것을 받아들여야 한다. 만일 우리가 하나님의 영이 진리의 유일한 근원으로 생각한다면 그리고 그 영을 망령되게 하지 않으려면 진리 자체를 부인해서도 안 되고, 세상 속에서 그것이 나타날 때에 단순히 세속적이라고 경멸하는 태도를 보여서는 안 된다. 고린도전서 2:14에서는 세상의 사람들을 "육에 속한 사람"(natural man)이라고 부르는데, 이들은 세상을 탐구하는 데 있어 대단한 통찰력을 갖고 있다. 따라서 우리는 배워야만 한다. 비록 참된 선이 아담의 타락 이후 부패했을지라도 하나님은 모든 인간 속에 얼마나 많은 은총을 남겨두셨는지 그들의 과업을 통해 배워야 한다.[13]

일반 은총 교리를 지지하는 자들은 이러한 칼빈의 견해를 인용해 자신들의 주장을 뒷받침하는 근거로 삼아왔다. 게다가 칼빈이 "육에 속한 사람"의 능력에 대해 언급한 부분은 분명 긍정적인 어조를 띠고 있어서 누가 감히 칼빈주의 전통 속에서 일반 은총 문제를 부정적으로 볼 수 있겠냐고 의문을 제기하기에 충분해 보일 수 있다. 그러나 칼빈은 다른 곳에서 거듭나지 못한 지성의 능력에 대해 그리 낙관적으로 생각하지 않음을 분명히 하고 있다. 앞에 인용한 부분에서도, 칼빈은 거듭나지 못한 자들도 사회적 공정함의 원리를 다소 인정한다고 하면서도, 곧바로 이어서 "육에 속한" 사회 관계 속에는 끊임없이 갈등과 불화가 존재한다는 단서를 덧붙인다. 인간의 지성이 온전하게 작동하는 것처럼 보일지라도, "그것은 절뚝거리고 비틀거리는"[14] 것처럼 완전하지 않다고 칼빈은 묘사한다. 또한 칼빈은 하나님이 인류를 위하여 통치하는 재능을 가진 지도자를 역사 속에 허락하셨음을 인정하면서도, 그러한 통치자들이 자신의 야망에 따라 움직이기 때문에 하나님 앞에서는 모든 은혜와 가치를 상실한다고 주장한다. 칼빈은 무엇이든 그들 속에 어떠한 "칭찬할 만한 것이 있을지라도 무가치하게 여길 수밖에 없다"고 결론 내리고 있다.[15]

칼빈은 일반 은총을 논하는 부분에서, 믿지 않는 자들의 지적인 능력에 대해 긍정했던 부분이 결코 아무런 제한이 없는 것이 아님을 설명한다. 칼빈은 "인간의 부패하고 타락한 본성이 여전히 희미한 광채를 발하고 있음에도, 그 빛은 참혹한 무지함으로 덮여 있어서 효과적으로 빛을 발할 수 없다"고 말한다. "부패한 이성은 무지함으로 인해 바르게 행할 수 없으며, 다만 어둠 속을 헤매는 것처럼 수많은 실패와 오류를 반복할 수밖에 없다. 얼마나 무능력한지 자신도 모르게 올바른 진리를 추구하고 탐구하는 영역에서 배신자로 전락한다."[16] 도르트 총회(the Synod of

Dortrecht)는 "인간 본성의 빛의 불충분함"(the Inadequacy of the Light of Nature)에 관한 항목에서 칼빈의 이러한 뉘앙스를 전반적으로 잘 드러내고 있다.

> 그러나 인간이 타락한 이후, 인간에게 자연적인 빛은 희미하게만 남아 있다. 이로 인해 하나님에 대해서 파편적인 지식을 갖고 자연 사물에 대해서도 그러하다. 선과 악의 차이에 대해서도 파편적인 지식을 갖고 있다. 인간의 덕에 대해서도 일부의 지식을 갖고 있으며, 사회의 질서에 대해서도 일부의 지식을 갖기 때문에, 외형적인 사회 질서 유지를 유지하려 한다. 그러나 여전히 이러한 본성의 빛은 한 인간을 하나님의 구원의 은혜로, 진정한 회심으로 인도하기에 전혀 충분하지 않다. 심지어 자연과 문명의 영역에서조차 그 빛을 올바르게 사용할 수 없다. 아버지의 뜻과 상관없이, 인간이 수많은 방식으로 빛의 본질을 변질시켜왔으며 불의하게 사용해 왔다. 이로 인해 인간은 하나님의 심판을 받아 마땅한 존재가 되었다.[17]

일반 은총의 가르침을 반대하는 자들은 칼빈의 가르침을 단순하게 배척하는 것이 아니다. 그들은 칼빈이 몇몇 부분에서 용어 선택을 달리하기를 바라는 것뿐이다. 예를 들어, 하나님이 "경건한 자와 불경건한 자"에게 이성의 빛을 차별없이 주신 것을 묘사할 때, 특별 은총(peculiar grace)의 작용으로 설명한 부분을 들수 있다. 그러나 이러한 칼빈의 용어들은 칼빈 사상 전체적인 맥락 속에서는 별다른 문젯거리가 되지 않는다.

일반 은총에 대한 반대

일반 은총이라는 가르침을 반대하는 자들의 모든 비판 아래에 있는 기초적인 관심은 이러한 맥락에서 **은혜**라는 개념을 어떻게 사용하는지와 관련되어 있다. 훅세마가 지적한 대로, 선택받은 자들도 살면서 질병과 슬픔, 가난과 같은 수많은 악을 경험한다. 그러나 분명한 것은, 이러한 것들이 하나님의 **진노**가 임한 것은 아니라는 점이라고 지적한다. 이어서 훅세마는, 그렇다면 왜 우리는 믿지 않는 자들의 삶 가운데 존재하는 좋은 것들을 은혜의 증거로 삼아야 하는지 의문을 제기한다.[18] 훅세마는 하나님으로부터 선택받지 않은 자들이 어떤 의미에서건 죄의 억제라든가 비와 햇빛과 같은 자연적인 선물로부터 신자와 마찬가지로 유익을 얻는다고 말하는 것은 다음과 같은 잘못된 의미로 축복(blessing)이라는 용어를 사용하는 것과 같다고 말한다. 누군가 아주 신나고 멋지게 썰매를 타지만 그 끝은 한없는 낭떠러지인 상황을 축복이라 말하는 것과 같을 수밖에 없다는 것이다. 그래서 그는 세상의 영역에서 그 끝이 "피할 수 없는 파멸"인 것에도 어떻게 "은혜"라

는 용어를 쓸 수 있는지 의문을 제기한다.[19]

　　일반 은총 교리가 하나님의 호의라고 여기는 것들에 대해 그 비판자들은 그것들이 하나님의 섭리(providence)의 역사라는 관점에서 설명이 가능하다고 본다. 그들은 분명 하나님이 부패한 사람들 또한 하나님의 선한 목적에 맞게 사용하신다는 것을 인정하면서도 선택받지 않은 자들의 생각이 하나님께 조금이라도 복을 받을 만하다거나, 혹은 하나님이 그들을 내적으로라도 덜 부패한 본성이 되게 만든다고 생각하지는 않는다. 훅세마는 이렇게 말한다.

> 육에 속한 사람은 한편으로는 피조된 세상 전체와 관련하여, 다른 한편으로는 하나님과 관련하여 결코 스스로는 하나님의 뜻을 행할 수도 없고 행하지도 않을 것이며 행하려고 할 수도 없다. 그는 여전히 마귀의 선지자이자 제사장이자 왕이며, 마귀와 짝하고 있다. 여전히 하나님은 그분의 섭리와 능력 있는 말씀으로 사람의 본성을 유지시키고 그가 세상과 관계를 맺게 하시며, 만물의 유기체 가운데서 생명을 발전시키고 현실화할 수 있게 할 수단을 그에게 제공하시지만 인간은 이러한 것들을 가지고서도 항상 죄인이며 불경건하고 하나님의 진노의 대상으로서 마지막 심판날의 진노의 보물들을 자신에게로 모은다.[20]

혹세마는 구원받지 못한 자가 사회적인 선을 분별하고 행할 수 있다는 주제와 관련하여 선택받지 않은 자라도 올바른 사회적인 삶을 위해 필수적인 합당한 원칙을 인식하고 있다는 부분은 인정했다. 그러나 그러한 사람이 아무리 사회적으로 노력할지라도, 그는 "하나님을 찾지 않고 그분이나 그분의 영광을 구하지 않기 때문에" 그 결과는 하나님에 대해 대항하는 것이 되며 결국에는 "인간 자신뿐 아니라 다른 피조물들에게도 악한 영향을 미치게 된다."[21] 성령께서 내적인 역사를 일으켜서, 믿지 않는 자들을 내적으로 변화시켜 사회적인 선을 행할 수 있는 능력을 주셨다고 생각해서는 안 된다. 믿지 않는 자들은 "겉으로는 사회적인 선과 규범을 이해하는 것처럼 보일지라도 그들의 내면의 본질은 결코 선할 수도 없으며, 그들이 생각하는 선이란 하나님을 사랑하거나 하나님의 가르침을 따르는 것이 아니라 그들 자신의 자아를 따르는 것이다. 오직 그들은 자기 스스로를 섬길 뿐이다."[22]

"라바디즘"의 위협

일반 은총을 옹호하는 자들 대다수는 혹세마의 비판과 그 외 다른 비평들도 거부해왔다. 그들의 그러한 열정은 표면상 다소 당혹스럽다. 왜 이 문제가 이토록 분열과 갈등을 야기해왔을까? 아마도 누군가는 신학적인 문제를 넘어서 다른 요인을 찾아서 설명하고 싶을 것이다. 내가 보기에는, 제임스 브랫이 1920 년대 네덜란드개혁교단에서 있었던 논쟁을 미국화되는 과정(the Americanization process)으로 평가한 것이 가장 적절해 보인다. 어쩌면 프로이트가 "사소한 차이점의 나르시시즘"(the narcissism of minor differences)이라고 부른 것과 같이, 두 개인이나 두 그룹이 너무 친밀할 때 아주 작은 차이점도 그들 스스로의 상상 속에는 너무 큰 문제로 다가오는 현상으로 볼 수도 있을 것이다. 그러나 신학적인 논쟁의 바깥에서 문제를 파악하려는 시도로는 논쟁의 핵심을 꿰뚫어볼 수 없다. 오히려 신학적으로 더 깊이 살펴봐야 한다.

이 논쟁을 이해하는 중요한 단서는, 일반 은총을 옹호하는 자들이 반대 의견들을 어떻게 다루어왔는지 그 말하는 방식에서 발견된다. 혹세마는 이러한 신랄한 예로 상대편에서 자신을 재세례파(Anabaptist)로 낙인 찍었던 가슴 아픈 기억을 떠올렸다. 1920 년대 논쟁이 있었을 당시 일반 은총 옹호자들은 일반 은총 이론을 믿고 전하는 것을 거부하는 자들을 재세례파로 몰아붙였다.[23] 이런 전략은 칼빈주의 전통에서는 흔했다. 개혁주의 안에서 논쟁이 치열해질수록 한쪽 진영에서는 상대 진영을 세상에서 가장 최악이라고 몰아붙이는 지점에 이를 때, 가장 심한 모욕으로 상대방을 재세례파라고 경멸하며 지칭했다.

종교개혁 이후부터 현재 칼빈주의 사상가들은 재세례파 사상의 신학 체계가 위험하고 무가치하다고 묘사해왔다. 1561년

벨직 신앙고백(Begic Confession) 36조가 이를 잘 보여주고 있는데, 개혁주의 교회들은 "재세례파와 여타 선동적인 자들의 오류를 혐오"한다고 기록한다. 왜냐하면 그들은 "사회의 권력과 정치 체제를 거부하고, 사회 정의를 부인함으로 그저 자신들의 선한 공동체성만을 강조하기 때문이다."[24] 칼빈주의자들은, 재세례파들이 30년 앞서 1527년 슐라이다임 신앙고백(Schleitheim Confession)에서 "칼(the Sword)의 사용의 권리는 하나님으로부터 부여받은 것으로—비록 그리스도의 완전함 바깥에 있지만—이는 악한 자를 벌하며, 선한 자를 지키고 보호한다. 그리고 그 권세는 지금은 세속 권력자에게 주어진 것이다"라고 공개적으로 단언했음에도 이렇게 말했다.[25]

칼빈과 재세례파 사이의 수많은 논쟁은 재세례파에 대한 칼빈의 고민들을 보여준다. 윌렘 발키(Willem Balke)는 재세례파가 중요한 두 가지 점에서 개혁교회보다 "더 칼빈주의적"이었다고 지적한다. 첫째는 교회 권징에 관한 문제였다.[26] 칼빈주의자들은 당시 가톨릭과 루터파가 교회 공동체의 규율을 엄격하게 적용하지 않는 것에 대해 비판했다. 그러나 재세례파들은 칼빈주의자들보다도 더 엄격하게 공동체를 유지하는 교회 규율을 적용하였다. 이에 칼빈주의자들은, 칼빈의 말을 빌려 "천사처럼 완벽한 경지"[27]라고 재세례파를 비아냥거렸다. 둘째는 교회와 세상의 관계에 대한 문제였다. 칼빈주의는 인간 상태가 전적으로 부패했다는 전제에서 출발하여, 일반적으로 수정(modification)을 가한 형식을 도입한다. 이는 이후 더 광범위한 문화마저도 수용하는 일반 은총 신학으로 발전하는 데 이르렀고, 특히 사회 정부에서 일어나는 활동마저도 신학 안으로 수용하게 되었다. 반면에 재세례파들은 거듭나지 못한 자들의 본성은 부정적으로 접근해야 하며, 이는 세상으로부터 철저히 분리주의적인 태도를 취해야만 가능하기에, 광범위한 문화도 수용하는 일반 은총 신학은 통일성이 없다고 비난했다. 이에 칼빈주의자들은, 우리가 벨직 신앙고백에서 보았듯이, 경멸하는 언어를 사용하여 재세례파에 대응하였다.

수년 전 존 하워드 요더(John Howard Yoder)와 나는 칼빈 이후 개혁주의와 재세례파가 신학적으로 아주 다른 관점을 갖고 있어서 논쟁을 벌여온 것이 아니며, 그들의 논쟁은 오히려 친밀한 하나의 분파 내의 논쟁이라는 데 의견을 같이했다. 그토록 논쟁이 치열하고 격렬했던 이유는 이 두 그룹 사이가 가톨릭이나 루터파와는 비교할 수 없을 만큼 친밀했기 때문이다. 결과적으로 보면 재세례파 사상은 몇 가지 핵심 칼빈주의 주제들을 철저하게 확대한 것이다.[28] 그러므로 개혁주의 공동체 내에서 일어났던 격렬한 논쟁들이 개혁주의와 재세례파 사이의 논쟁과 유사하다는 사실은 결코 놀랄 만한 일이 아니다.

라바디스트(Labadist)라는 용어는 칼빈주의자들이 칼빈주의 진영 내부의 재세례파 유형의 경향에 경멸하는 투로 붙인 명칭이다. 이 용어는 장 드 라바디(Jean De Labadie)의 가르침으로부터 유래한다. 라바디는 17세기에 가톨릭 예수회 수사에서 칼빈주의자로 전향했으며, 잠시 네덜란드개혁회중교회(Dutch Reformed congregation)의 목사로서 시무했다. 라바디는 비교적 형식적인 공적 예배를 보완하기 위해서 친밀한 교제 그룹(*gezelschappen*)을 형성하도록 장려하였다. 결국에 가서는 여타 개혁주의의 세속성을 혹독하게 비판해온 라바디의 주도 하에, 이러한 그룹들이 가정교회 형태로 세상과 분리된 독립된 조직체가 되었다. 재세례파라는 이름처럼 라바디스트 또한 교회의 완전성을 지나치게 강조하여 세상과 분리적인 태도를 취하는 그룹을 비난하는 또 하나의 용어가 되었다.[29]

네덜란드개혁교단 목사이자 신학자인 레너드 벌두인(Leonard Verduin)이 수차례 그의 논문을 통해 주장해왔듯이, 재세례파 유형의 주제들이 칼빈주의 공동체 내에서 계속 나타나는 것은 결코 우연이 아니다.[30] 그러한 주제들은 외부에서부터 내부로 침투된 사상이 아니라, 오히려 내부에서 발전되어 나온 신념이다. 벌두인이 재세례파를 동정한 것과는 성격이 다르지만, 칼빈 신학교의 윌리엄 헤인즈(William Heyns) 교수는 1922년 네덜란드개혁교단의 반 발렌(J. K. Van Baalen) 목사에게 쓴 편지에서 이와 비슷한 논지를 펼치고 있다. 반 발렌 목사는 혹세마와 그를 지지하는 자들을 재세례파라고 지칭해 공분을 일으킨 소책자를 발간했다. 헤인즈 교수는 반 발렌 목사가 비판한 주요 주장에 대해서는 인정하였으나, 반 발렌 목사가 일부 용어를 사용한 점은 꼬집어 비난했다. "반 발렌 목사가 '재세례파'라는 수식어만 뺐더라면 훨씬 좋았을 것이다. 이 용어는 단지 자신의 감정에서 나온 비아냥거리는 말에 불과하기 때문이다." 헤인즈 교수는 "과거 개혁주의적 스콜라주의 계열의 신학자들이 비슷하게 주장했을 것이라는 사실"을 반 발렌 목사가 분명히 알고 있을 것이라고 덧붙였다.[31]

과거에 대한 이러한 고찰은 오늘날 일반 은총을 이해하려는 자들에게 대단히 중요하다. 만일 재세례파가 칼빈주의 전통에서 비난받아온 것보다는 좀더 존중받아 마땅하다면, 라바디스트 또한 그저 재세례파와 유사하다는 이유로 비난받아서는 안 될 것이다. 더 나아가 최근에 논의된 일반 은총에 대한 칼빈주의 진영 내에서 나온 비판도, 재세례파나 라바디스트의 견해와 유사한 점이 있다는 이유로 간단히 제껴버려서는 안 될 것이다.

반정립적인 관계

헤르만 훅세마가 일반 은총 신학을 비판하는 핵심에는 교회의 생명력에 관한 실천적인 관심이 자리 잡고 있다. 특히 훅세마는 공통성에 대한 강조는 결국 "교회와 세상, 빛과 어둠, 그리스도와 적그리스도, 의로움과 불의 사이에 존재하는 구분을 폐기"[32] 하는 결과로 이어질 것이라고 경고한다. 물론 일반 은총을 지지하는 누구라도 훅세마가 열거한 구분들을 폐기하는 것에 동의하지 않는다. 다만 "빛과 어둠, 그리스도와 적그리스도, 의로움과 불의"의 관계와 "교회와 세상"의 관계를 같은 기준에서 구분하지 않을 뿐이다.

헨리 스톱이 반정립의 개념에 대해 설명할 때, 선택받은 자와 선택받지 않은 자라든지, 거듭난 자와 거듭나지 않은 자, 믿는 자와 믿지 않는 자와 같은 인간의 특정한 계층 간에는 반정립적인 관계가 성립되지 않는다고 주장한다. 스톱은 "반정립적인 관계는 본질적으로 죄와 은혜 사이에 존재한다"[33]고 말한다. 그리고 "죄와 씨름하는 것은 그리스도인 안에서도 일어나고"[34] 일반은총은 교회 밖에서도 작용하기 때문에[35] 반정립이라는 것은 교회와 세상 사이의 대립이나 구분에서 나타나는 것이 아니다. 오히려 반정립은 하나님의 역사와 사탄의 역사 사이에서 일어나는 대립이나 구분이기 때문에, 이는 그리스도인이나 비그리스도인의 실제적인 삶에서 비슷한 방식으로 나타난다.

헤르만 도예베르트(Herman Dooyeweerd)도, 1940년대 네덜란드의 역사적인 상황 속에서 이와 비슷한 반정립적인 관계에 대해 논했다. 세상과 엄격한 분리를 강조했던 수많은 정통 칼빈주의자들이 제2차 세계대전을 경험하면서 심각한 영향을 받았다. 나치 정권의 횡포에 대항하여 다양한 종교의 사람들과 함께 사회적으로 연대감을 공유했던 경험은 전쟁이 끝났음에도 쉽게 사라지지 않았다. 그 결과로 네덜란드 민족주의 운동(Dutch National Movement)이 시작되었는데, 이 운동은 전쟁 이후 종교 사이에서, 정치 집단 사이에서, 네덜란드 전체를 하나로 연합하자는 데 의

견을 같이했다. 당시 "기독교의 반정립적인 체계나 마르크스주의자의 계급투쟁 체계 모두 당대의 사회 문제를 해결하는 데는 효과적이지 못함"[36]을 분명히 보여주었다. 도예베르트는 이렇게 시대가 변하는 것을 고민하였고 기독교가 말하는 반정립적인 관계를 변호하기 위해 여러 논문을 발표했다. 그는 논문을 발표하는 초기부터 반정립이란 무엇이며, 과연 무엇 사이에 존재하는 구분인지에 대해서 논했다. 도예베르트도 스톱과 같이 반정립적인 관계란 인간의 특정한 집단 사이에 존재하는 구분이 아님을 논하기 시작했다. 반정립적인 관계는 "기독교와 비기독교 집단 사이에 대립되는 구분으로 보아서는 안 되며, 오히려 민족을 분리시키고, 모든 인류를 분리시키는 두 영적인 원리 사이의 분리선으로 보아야 한다"[37]고 했다.

나는 스톱과 도예베르트가 아주 정확하게 지적했듯이, 영적인 반정립적 대결이 인류 전체를 분리시킨다는 주장에 전적으로 동의한다. 그리스도인들은 우리 스스로가 의롭다고 떠들고 다녀서는 안 된다. 그러나 이것이 구분 가능한 두 부류의 사람 사이에 존재하는 대립되는 반정립적인 현실을 제쳐두라는 의미는 아니다. 믿음의 공동체와 나머지 인류 사이에 존재하는 분명히 구분되는 현실을 경시할 때는 우리 그리스도인들이 진리와 선에 대한 기준에 단편적으로 접근할 위험이 분명해진다. 이렇게 되면, 교회는 어떤 주제에 대해 옳고, 세상도 다른 주제에 대해서는 옳다는 식으로 말할 것이며, 결국 현 시대의 유혹에 대항하도록 함께 부름 받은 한 백성은 그 의미를 상실해갈 것이다. 더 심각한 것은 의로움(righteousness)을 추구한다는 명목 하에 오직 합리성(reasonableness)만을 현 시대의 보편적인 기준으로 삼을 수 있다는 것이다.

이러한 시대적인 변화에 바르게 대처하려면, 역사적으로 이런저런 기독교 공동체가 받아들인 것이나 결정한 것을, 맹목적으로 절대적인 기준으로 삼아 적용해서는 안 된다. 스톱과 도예베르트도 이러한 자세를 조심하라고 경고한다. 우리에게 유일하고 참된 권위는 이 땅의 순례 인생을 사는 데 참된 지표가 되도록 교회에 말씀을 주신 우리 주님이 되어야 한다. 주님은 그분의 성령을 우리에게 보내주셔서 때에 따라 알맞게 예언, 분별력, 지혜와 지식을 자기 백성에게 공급하여주심으로 그분의 모인 무리를 세워가신다. 아브라함 카이퍼도 교회와 더 넓은 문화와의 관계에서 교회 공동체적 삶의 중심성을 자주 강조했다. 이로 인해 국가 교회의 비평가들은 세상 가운데 있는 "적은 무리"(눅 12:32)[38]를 향한 그의 호소에 대해 라바디스트적이라고까지 평가했다. 카이퍼는 "기독교의 등불은 교회의 벽 안에서만 타고 있다. 그러나 그 등불의 빛은 교회의 창문을 통해 인간의 삶과 활동의 넓은 영역에까지 비치고 있다"[39]고 주장했다. 그러나 동시에 광범위한 문화 가운데 그 빛을 분별하기 위해서는 "한데 모인 하나님의 백성 한 가운데서 활활 타고 있는 그 등불 가까이 머물러 있을 때만 가능하다"고 강조했다.

효율성 테스트

1998년에 개신교개혁교단(Protestant Reformed) 잡지 「스탠다드 베어러」(The Standard Bearer)는 100년 전 프린스턴 대학교에서 개최되었던 아브라함 카이퍼의 스톤 강연 100주년을 기념해 그의 유산을 회고하는 특집을 발간했다. 편집장 데이비드 엥겔스마(David Engelsma)는 "일반 은총의 세계관은 대 실패임이 판명되었다"라고 기록했다. 카이퍼는 그의 일반 은총론이야말로, 기독교 공동체가 더 광범위한 문화에 영향력을 미칠 수 있는 기초를 마련해줄 것이라고 보았다. 이에 엥겔스마는 이 신학의 결과로 이루어진 지난 100년 동안의 구체적인 열매를 살펴보는 것이 필요하다고 보았다. 엥겔스마가 지적한 바와 같이, 분명 지금의 네덜란드와 미국은 100년 전보다 결코 더 개혁주의적이지 않다. 또한 현재 두 나라의 개혁주의 공동체 내에 거대하게 증가한 세속화의 증거도 분명히 존재한다. 간단히 말하자면 일반 은총을 가르친 지 한 세기가 지났음에도 세상과 교회 모두 더 세속화가 되었다는 것이다.[40] 나는 엥겔스마가 교회와 학교가 철저히 세속화되었다고 주장하는 부분에 대해 비판하고 싶지만, 다른 한편으로는 일반 은총 사상의 실패를 솔직히 주목해야 한다는 그의 주장에는 전적으로 동의한다. 분명 네덜란드나 미국과 같은 곳에서는 일반 은총 사상이 사악한 조류를 막지 못했다. 만일 우리가 일반 은총 사상의 열매를 더 광범위한 문화 내에서 의로움의 확산으로 평가한다면—이는 매우 공정한데 이러한 가르침들이 빈번하게 승리주의적인 어조로 선포되었기 때문이다—우리는 이 점에서 어떤 심각한 단점들이 있었음을 인정해야 한다.

당연히 교회가 성실함을 유지하고 세상의 악들을 멀리하는 것이 칭찬받아 마땅한 실질적인 관심거리지만, 일반 은총을 평가하는 데는 다른 기준들도 존재한다. 우리는 끊임없이 하나님이 일반 문화 영역에서 우리에게 주신 재능을 발견하고 존중하며 그에 대해 감사해야 한다. 수많은 그리스도인들이 일반 은총의 가르침을 통해 세상에 참여하고자 하는 노력을 기울여왔다. 신앙고백상 개혁주의를 표방하지 않는 대다수의 복음주의 동료들조차 칼빈주의자들이 가르쳐온 일반 은총 교리가 기독교 지성을 발전시키는 데 지대한 공헌을 했음을 인정한다. 한 저명한 복음주의자는 "일반 은총 교리를 발견했을 때, 나는 그제서야 제정신을 찾을 수 있었다"라고 말했다. 그는 오랫동안 세속적인 학문은 사악한 것으로 간주해온 근본주의적인 공동체의 영향을 받아오다가, 비로소 비기독교 사상가들의 글들 속에서도 긍정적인 면을 발견할 수 있음을 알게 된 것이었다. 그는 혹시나 믿음을 잃어버리지는 않을까 걱정에 휩싸였으나 일반 은총 교리를 통해 그리스도인과 비그리스도인의 다양한 관점을 분별할 수 있는 기준을 배우고 나서야 걱정이 사라졌다. 그는 일반 은총을 통해, 기독교 학자로서의 소명을 추구하는 데 기본 골격을 마련하게 되었던 것이다.

물론 분별력을 잃어서는 안 된다. 우리가 광활한 창조세계에서 역사하고 있는 성령의 흔적을 추구해감에 따라, 우리의 마음과 지성에 성령의 인도하심이 필요하다. 그리고 우리는 성령께서 죄인들을 회개케 하고 그들의 내면을 거룩하게 하고 계시는 그러한 공동체의 삶과 사상 가운데 우리를 정초시킬 필요가 있다. 우리의 지성 속에 울리는 라바디스트적인 목소리는 우리의 근본적인 정체성에 대하여 더욱 명확히 하도록 촉구하고 있다. 우리는 그들이 경고하는 것에 귀를 잘 기울이고 그들이 말하는 것을 주의 깊게 살펴보아야 한다. 그렇지 않으면 우리의 감각은 둔해져 세속적인 사상과 행동에 밀려 요동하게 될 것이다.

우리 중 몇몇은 이 영역에서 우리의 분별력이 약해질 가능성에 대해 걱정할지도 모른다. 그러나 비그리스도인들의 업적에 대해 평가해본다면, 우리는 칼빈이 "믿지 않는 인간의 지성은 비록 그 완전 상태에서 타락하고 부패했지만, 하나님이 주신 훌륭한 능력을 아름다운 옷과 같이 입었다는 것을 보게 될 것"[41]이라고 말한 것을 분별해왔다고 확신할 것이다. 우리 중 어느 누구도, 칼빈이 인간의 훌륭한 능력은 "하나님의 특별한 은혜"(a peculiar grace of God)[42]로부터 나왔다고 묘사했다고 해서, 그가 너무 느슨하게 말했다고 생각하지 않을 것이다.

제3장 하나님은 모든 아름다운 것
가운데 빛나신다

:: 일반 은총의 발견

"He Shines in All That's Fair"

성공회 신학자 오스틴 파러(Austin Farrer)는 그의 설교집에서 죄와 불신앙에 대한 자신의 신학적인 확신과 현실 사이의 갈등을 말하고 있다. 그는 날마다 신앙이 없는 자들과 실제로 접하면서 일어나는 갈등을 어떻게 해소하려고 노력했는지 보여주고 있다. 옥스퍼드 대학교를 다니던 시절 그는 종종 대학 캠퍼스 전도 집회에 참석하곤 했다고 한다. 그곳에서 설교자는 신앙을 갖고 있는 것과 그렇지 못한 불신앙을 극명하게 대조하여 설교하곤 했다. 그 설교자는 복음에 전적으로 헌신하기를 강조했으며 세상과는 어떠한 타협도 하지 말아야 한다고 했다. 이러한 설교는 파러가 현실을 바라보는 관점에 지대한 영향을 미쳤다. 이 때문에 그는 "하나님만을 위해 살 수 있다면 얼마나 좋을까"라고 생각하게 되었다. "그러나 그러한 깨끗하고 순수한 삶과는 대조적으로 현재 우리의 더러움과 헛된 우상이 가득한 혼돈스러운 현실은 어둡게만 보였다."

그러나 가끔씩 집회를 마치고 집으로 가는 길에 믿지 않는 친구가 파러에게 같이 술 마시러 가자고 청했다. 파러는 그런 친구의 초청을 수락하면 자신의 영적인 결단이 약해진다는 사실을 알았다. 그러나 그 친구가 자꾸 조르면 마지못해서라도 술자리에 함께하곤 했다. 이내 파러는 그러한 편안하고 여유 있는 자리를 자신도 모르게 즐기고 있었다. 친구들이 던지는 농담은 적당히 저속했다. 그러나 파러는 그러한 유머가 조금 저속해서 더 좋았다. 그렇다고 그 친구는 완전히 무신론자도 아니었다. 복음주의자의 범주에서 보면 그는 아직 회심하지 않은 자에 불과했다. 술자리가 무르익으면서 전도 집회 설교자가 말한 아주 극명한 경계선은 파러의 마음속에서 흐릿해졌다. 이러한 경계보다 친구와 함께하는 기쁨이 더 커 보였다. 이에 파러는 "어둠의 왕국이란 없을 거야. 모두 터무니 없는 이야기라고. 술이나 한 잔 더 해야지"[1] 라고 말하고 싶은 충동을 느꼈다.

물론 파러는 신앙인으로서 이 문제를 쉽게 여겨서는 안 된다는 것을 알았기에 이 경험을 신학적으로 어떻게 봐야 할지를 고민했다. 그러나 파러 자신이 이러한 갈등을 신학적으로 정립한 부분은 칼빈주의자의 관점에서 볼 때는 미흡한 면이 있다. 왜냐하면 파러는 그 죄인인 친구의 인간성 자체(mere humanity)의 좋은 점들을 함께 즐기면서도 그 친구의 회심을 위해서는 단순히 기도하는 것만을 선택했기 때문이다. 단순하게 생각하면 아주 좋은 해결 방법 같지만 칼빈주의자의 관점에서는 올바른 갈등 해결 방법이 아니다. 그가 묘사한 이러한 갈등은 우리들에게 실제로 있는 일이다. 마크 트웨인의 "천국은 날씨가 좋아서 가고, 지옥은 친구가 많아서 간다"는 말은 사실 과장된 표현이면서도, 조금은 불경한 말처럼 느껴질지 모른다. 그러나 이 말은 신학적이고 영적인 분별이 필요한 문제들을 정확하게 지적하고 있다.

구원 외의 것에 대한 평가

이제 다음과 같은 의문점을 탐구하고자 한다. 구원의 특별한 은혜 바깥의 사람들에게 있는 선하고 아름답고 진실한 것들을 열린 마음으로 받아들이면서도, 동시에 하나님의 특별한 은혜 안에 있는 믿음의 사람들과 그렇지 않은 사람들 사이를 어떻게 명확히 구분할 수 있을까?

일반적으로 이 질문에 대한 답은 하나님의 의향과 관련된 주제 안에서 찾을 수 있을 것이다. 칼빈주의는 분명히 하나님의 의향으로부터 시작한다. 우리가 좋아하는 것은 하나님이 허락하시는 것과 일치해야 하며, 하나님이 허락하지 않으시는 것이라면 우리도 당연히 싫어해야 한다. 만일 우리가 오직 구원의 문제에만 집중하고 있다면 하나님이 좋아하고 싫어하는 것에 대한 기본적인 기준은 아주 분명하다. 당연히 하나님은 자신이 선택하신 백성들을 사랑하셔서 은혜로 말미암아 그들을 영광스러운 천국으로 인도하실 것이다. 선택받지 않은 자들은 이러한 은혜를 입지 못하며, 도르트 신조(Canons of Dort)에 기록되었듯이 "하나님은 선택받지 않은 자들이 참혹한 지옥으로 스스로 기꺼이 자신을 던져버리도록 정해놓으셨다."[2]

그러나 중요한 질문은 최종적인 구원으로 구분하여 평가하는 것만이, 모든 인간—구원받은 자나 구원받지 않은 자나—을 향한 하나님의 의향을 모두 드러내기에 충분한가 하는 것이다. 좀더 구체적으로 묻자면 과연 인간의 궁극적인 최종 운명만이 하나님이 지금 우리가 생각하고 느끼고 행하는 모든 것을 평가하는 유일한 기준인가 하는 것이다. 선택받지 않은 자들이 행하는 일들과 이루어놓은 업적에 대해 하나님은 개인의 구원과 직접적인 관련은 없지만 관여하고 계시는가? 이러한 질문들이 일반 은총 사상의 핵심에 있다.

오스틴 파러의 이야기보다 칼빈주의자에게 좀더 깊은 관련이 있는 이야기를 해보자. 조지 휘트필드(George Whitefield)의 전기 저자인 해리 스타웃(Harry Stout)은 칼빈주의 복음전도자인 휘트필드가 미국에서 활발히 활동하던 때, 벤저민 프랭클린(Benjamin Franklin)과 아주 깊은 우정을 나누었다고 기록한다. 두 사람 서로가 갖고 있는 사상의 차이를 아는 사람이라면 이 두 사람이 서로 친했다는 사실에 다소 놀랄 것이다. 휘트필드는 칼빈주의 교리에 대한 강한 확신을 갖고 있었고 청렴하고 도덕적으로 엄격한 "청교도"라는 용어의 표상이었다. 반면에 프랭클린은 종교에 대해서도 모독하는 발언을 일삼았던 종교회의주의자였을 뿐만 아니라 성적으로도 문란하다는 소문도 있었다.[3] 프랭클린이 하나님께 선택받지 않은 자들 중 하나인지는 우리가 알 수 없을 지라도 그에 대한 이러한 부정적인 증거로만 볼 때에는 그는 분명 선택받지 않은 자들의 범주 안에 들기에 충분했다. 또한 휘트 필드도 프랭클린의 영혼이 구원을 받았다고 평가할 이유가 없었을 것이다. 그렇다면, 칼빈주의 복음전도자 휘트필드가 종교회의 주의자인 프랭클린과 시간을 보낸 것은 단지 그와 시간을 보내는 것이 좋았기 때문이라고 가정할 수밖에 없다.

과연 하나님은 휘트필드가 벤저민 프랭클린과 함께 즐기는 시간을 허락하셨을까 하는 중요한 질문을 던져보고 싶다. 물론 어느 칼빈주의자라도 이 질문에 긍정적으로 대답할 것이다. 하나님은 두 사람의 우정을 통해 미리 예정하신 특별한 목적이 있으셨을 것이라고 말이다. 그러나 나는 먼 미래에 대한 목적론적인 논의 말고, 그들이 나눈 순수한 우정 자체에 대해서 묻고 싶다. 하나님은 휘트필드가 프랭클린과의 사귐을 즐기는 것을 허락하셨을까? 우리 주님은 두 사람 사이에 주고받는 우정을 그저 기쁘고 즐거운 일로 여기셨을까? 하나님은 그 두 사람이 편지를 통해 주고받는 내용들에 흡족해하셨을까? 휘트필드는 친구의 건강을 걱정해주었고 필라델피아에 갈 때마다 그의 집에 머물기를 원했으며 프랭클린이 잘못한 일로 가슴 아파했다. 하나님은 선택받지 않은 백성 중의 하나라고 거명된 사람과 나눈 우정 자체에 관심이 있으셨기 때문에 휘트필드가 프랭클린과 나눈 시간이 발생하기를 원하셨던 것일까? 다시 말해 구원의 특별한 은혜 바깥의 사람들에게 있는 선하고 아름답고 진실한 것들을 열린 마음으로 받아들이면서도, 동시에 하나님의 특별한 은혜 안에 있는 믿음의 사람들과 그렇지 않는 자들 사이를 어떻게 명확히 구분할 수 있을까? 우리는 이미 이 질문에 대한 탐구를 시작하면서 이를 근본적인 질문과 연결하였다. 우리가 선택받은 백성으로서 특별한 은혜의 경계 바깥에 있는 자들에게 있는 선하고 아름답고 진실한 것들에 대해 과연 하나님의 관점과 동일하게 그것들을 바라보고 있는가?

일부 칼빈주의자들이 이 질문을 피하기 위해서 하나님의 관점에서는 특별한 은혜의 경계 바깥에 있는 자들에는 실질적으로 선하고 아름답고 진실한 것들이 없다고 대답할 수도 있다. 그렇다면 이러한 부정적인 견해에 반대되는 예로 하나님이 인간이 아닌 다른 피조물을 어떻게 바라보셨는가를 알아봐야 한다. 창세기 1장의 창조 기사에서 하나님은 물속에서 헤엄치는 물고기들을 창조하신 후 보시기에 좋았더라고 만족해하셨다. 또 시편 기자가 "여호와는 자신이 행하신 일들로 말미암아 즐거워하시리로다"(시 104:31)라고 기록했듯이, 독수리가 처음으로 날갯짓을 하며 날아올랐을 때도 하나님은 이처럼 기뻐하셨을 것이다. 선택받은 사람과 그렇지 않은 자에 대한 별다른 언급 없이 하나님은 해가 지는 풍경과 바다의 파도가 바위에 부딪히는 모습, 벚꽃이 피고, 표범이 빨리 달리는 것과 같은 이 모두를 분명히 기뻐하셨을 것이다.

더 큰 영광

나는 여기서 칼빈주의적 관점을 확대 적용하고 있다고 생각하지 않는다. 만일 하나님이 인간이 아닌 피조물을 통해서도 영광을 받으신다면, 그러한 창조세계에서 일어난 일들 가운데서도 하나님이 기뻐하시는 일이 있을 수 있다고 생각한다. 그렇다면 비록 선택받지 않은 인간의 삶 속에서 일어나는 일이지만 하나님이 기뻐하시는 일이 있을 수 있다고 가정해도 무방해 보인다.

헤르만 훅세마뿐만 아니라 하나님이 세상을 창조한 목적을 논할 때 인간의 타락 이전에 이미 구원의 선택을 정하셨다고 논하는 수많은 전택설주의자(supralapsarians)들도 이것을 매우 불편하게 느낄 것이다. 전형적인 훅세마의 논지는 다음과 같다. "하나님의 경륜 안에서 하늘과 땅에 있는 모든 것들이 선택과 유기를 실현하는 수단으로 계획되어 있다. 따라서 이는 그리스도의 영광과 그의 교회를 위함이다."[4] 다시 말해 "현재 삶의 모든 것들은 하나의 영원한 종착지를 향한 수단일 뿐이다"[5]라고 한다. 훅세마에게 있어서 인생의 영원을 결정하는 선택과 유기의 목적은 오직 영적인 목적(the divine goal)뿐이다. 따라서 그 외의 모든 개별적인 목적들은 하나의 최종 목적에 도달하기 위한 수단에 지나지 않는다. 게다가 훅세마는 독수리가 날개 치고 바다의 파도가 밀려오는 것들도 그저 인간의 예정된 구원 여정의 수단이자 도움으로 하나님이 정하셨다고 본다. 그리고 하나님이 그러한 것들을 기뻐하시는 이유는 그것들이 영원한 구원의 계획을 성취하는 데 하나의 수단으로 역할을 하기 때문이라고 한다.

이러한 혹세마의 관점으로부터 비롯된 논의가 선택받지 않은 인간들의 업적과 행위를 바라보는 데까지 확장된다고 하더라도 여전히 혼란스럽기는 마찬가지다. 이에 반해 나의 견해는 다음과 같다. 하나님은 벤저민 프랭클린의 유머, 타이거 우즈의 퍼팅, 살만 루시디의 소설의 잘 짜인 구성 등 비그리스도인들의 위대한 업적에 대해서도 기뻐하신다고 생각한다. 하나님이 이러한 것들을 기뻐하시는 이유는 단지 이러한 것들이—선택받은 자들은 영광으로, 선택받지 않은 자들은 하나님의 존재로부터 영원히 분리시키는—구원 계획을 향한 하나의 수단이기 때문이 아니다. 나는 하나님이 분명 이러한 것들의 존재 자체를 기뻐하신다고 생각한다.

도덕적인 평가

지금까지 내가 열거한 예들은 일반적으로 말하는 미학의 범주 안에 속할 수 있다. 하나님이 기뻐하신다고 말한 앞의 예들은 선택받지 않은 자들 내면에 작용하는 도덕적인 면과는 무관하기 때문이다. 비록 한 정치인이 우리가 반대하는 공공 정책을 지지할 지라도 그가 유창하게 연설을 할 때 우리는 그의 연설이 대단하다고 인정한다. 마찬가지로 하나님은 믿음이 없는 시인이 멋진 비유를 사용하거나 거친 욕설을 내뱉는 메이저리그 외야수가 멋지게 몸을 날려서 공을 잡아낼 때와 같이, 인간 내면의 도덕적인 수준과 상관없는 것들을 기뻐하신다고 생각할 수 있다. 그러나 나는 여기서 한 단계 발전시켜서 하나님은 선택받지 않은 자들에게도 도덕적인 측면에서 긍정적으로 평가해주실 수 있다고 생각한다.

급진적인 정치적 저항의 1960년대에는 "체제"를 보호하여 기득권의 이익을 지키려는 사람들과 이에 반대하여 저항하는 사람들로 나누는 게 일반적이었다. 저술가 노먼 메일러(Norman Mailer)는 이 두 그룹을 "보안관"(sheriffs)과 "무법자"(outlaws)로 자극적으로 묘사했다. 메일러 자신은 무법자와 같은 정치 도덕적 견해를 갖고 있었다. 메일러의 친구들이 존 F. 케네디가 대통령 선거에 당선된 데에 대하여 적극적으로 환영했을 때도 메일러는 그들이 잘못 판단하고 있다고 확신했다. 메일러는 케네디의 개인적인 매력이나 "새로운 개척자들"에 대해 현란하게 말하는 바에 결코 속지 말라고 친구들에게 경고했다. 그는 여전히 무법자를 소탕하려고 나온 또 한 명의 보안관에 불과하다고 주장했다. 그러나 또한 나는 케네디 대통령의 죽음에 대해 메일러가 회고한 글을 읽은 기억이 있다. 메일러는 대통령이 암살당한 지 몇 주가 지나 자신도 모르게 깊은 슬픔에 빠진 사실에 놀랐다고 한다. 메일러는 케네디를 자신과는 다른 진영에 있는 적으로 분류했음에도 그는 분명 젊은 대통령에 대한 강한 존경심을 갖고 있었던 것이다. 그러나 어떻게 이런 일이 일어날 수 있는가? 그저 한 명의 강력한 보안관이 죽었을 뿐인데 왜 그는 이토록 상실감을 겪어야 하는가? 메일러는 새로운 범주를 하나 더 마련함으로써 그의 당혹감을 해결하였다. 케네디는 분명 한 명의 보안관에 불과했다. 그러나 메일러는 그를 "무법자들 편에 선 보안관"(an outlaw's sheriff)이라고 했다.

나도 기존의 체계 외에 세 번째 범주를 만들 필요가 있음을 고백하지 않을 수 없다. 칼빈주의자로서 나는 인간을 선택받은 자와 선택받지 않은 자로 두 부류로 나누는 근본적인 견해에 동의한다. 우리가 비록 전적으로 부패했을지라도, 하나님은 그의 구속된 백성이 오직 하나님의 은혜로 말미암아 의로운 행위를 하도록 허락하신다. 그러나 나는 또한 구원받지 못한 백성들의 친절한 행위 가운데 하나님이 말씀을 통해 보여주신 의로운 기준에 일치하는 것들을 발견하곤 한다. 나는 단순히 이러한 행위들이 하나님을 모르는 불의함에서 나왔기 때문에 의로움을 가장하고 있다고 말할 수 없다. 예를 들어 믿지 않는 자들 가운데서도 1960년대 미국에서 국민의 인권을 위해 투쟁하고 목숨까지 바친 용감한 사람들과 히틀러 정권 아래 유대인들을 학살한 사람들 사이에는 엄청난 도덕적인 차이가 존재한다.

세 번째 범주를 마련할 필요를 인정한다고 해서 개혁주의 신앙을 떠났다고는 할 수는 없다. 하이델베르크 요리문답(Heidelberg

Catechism)은 우리 인간이 하나님의 구원하시는 은혜 없이는 "**어떠한** 선"(any good)[6]도 행할 수 없음을 분명히 하고 있는 반면, 도르트 신조(Canons of Dort)는 "본래부터 진노의 자녀인 우리는 '어떠한 **구원받을 수 있는** 선'(any saving good)을 행할 수 없다"[7]고 기록함으로써, 미묘한 뉘앙스로 구원을 받을 만한 자격이 없더라도 도덕적으로 선을 행할 가능성을 열어두고 있다.

세 번째 범주는 웨스트민스터 신앙고백에서 도덕적 선행(moral goodness)을 다루는 부분을 통해 신중하게 접근해볼 수 있다.

중생하지 못한 사람이 행하는 행위들은 가령 그 자체로는 하나님이 명하신 것들이요, 그들 자신에게뿐만 아니라 다른 사람들에게도 선하고 유익한 것들일지라도, 그것들이 믿음에 의하여 청결케 된 마음에서 나온 것이 아니고, 말씀을 좇아서 올바르게 행해진 것도 아니며, 하나님의 영광을 목적으로 삼지도 않았기 때문에, 그것들은 죄악되며, 하나님을 기쁘시게 하거나 사람으로 하여금 하나님에게 은혜를 받기에 합당하게 할 수도 없다. 그렇지만 그와 같은 행위들을 그들이 게을리하면 그것은 더욱 죄악되며, 하나님을 더욱 불쾌하게 하는 것이 된다.[8]

믿지 않는 자들의 선행에 대해 아주 부정적인 어조로 언급했음에도 불구하고, 웨스트민스터 신앙고백은 하나님이 구원받지 않은 백성들의 선한 행위 가운데 하나님이 말씀을 통해 보여주신 의로운 기준에 일치하는 것들을 어느 정도 허락하셨을 여지를 남겨두고 있다. 이러한 선행을 하지 않는 것이 오히려 하나님께 **더 큰 죄**가 되고 하나님이 **싫어하시는** 것이 되기에 적어도 이러한 선행은 하나님을 **덜 노엽게** 한다고 말할 수 있다. 다시 말해서 믿지 않는 자들이 아무것도 행하지 않는 것보다는 아주 훌륭하게 행동했을 때 하나님이 더 기뻐하시며, 이에 해당하는 또 다른 도덕적 범주가 존재한다는 것을 의미한다.

하나님의 공감

좀더 넓게 이 문제를 다루어보자. 일반 은총의 개념을 지지하는 자와 반대하는 자 모두 일반 은총을 구원의 은혜와 상관없이, 선택받은 자와 선택받지 않은 자를 향한 하나님의 은혜의 태도를 포함하는 것으로 묘사해왔다. 여기서 나는 하나님의 공감(Divine Empathy)이라는 관점에서 이 문제를 다룰 것이다. 하나님이 이러한 의미에서, 선택받지 않은 자를 호의의 눈으로 바라보실 때가 있는가? 하나님은 선택한 백성들이 기뻐하고 슬퍼하는 것과 함께하시듯, 믿지 않는 자들의 구체적인 경험에 대해서도 함께 공감하실까? 과연 이렇게 묻는 것이 타당한가?

이러한 질문은 내가 일반 은총과 관련된 사역이라고 생각하는 것들을 신학적으로 이해하는 데 구체적으로 도움이 된다. 예를 들어 한 칼빈주의자가 어떤 병원에서 후원하는 알코올 중독 치유 프로그램에서 믿지 않는 사람들을 대상으로 사역을 한 적이 있었다고 한다. 그는 자신의 상황을 구체적으로 묘사해주었다. "나는 사람들이 그들의 인생의 절망적인 속박의 상태에서 새로운 차원의 자유를 누리는 것을 목격합니다. 때로는 이러한 변화가 아주 극적입니다. 그들이 중독으로부터 해방된 것을 경험했다고 해서 전통적인 의미에서 거듭났다고 할 수는 없겠지요. 왜냐하면 그들의 삶은 변했으나 아직 예수님을 알지 못하기 때문입니다. 나는 언젠가는 그들이 변하여 그리스도인이 되길 바랍니다. 그럼에도 역시 나는 그들의 삶 속에서 일어난 '**은혜 같은 것**'(like a grace)에 대해 축하해주고 싶습니다. 그런데 내가 믿는 개혁주의 신학은 이런 부분을 설명할 만한 신학적인 범주가 아직 부족한 것처럼 보입니다."

그의 말이 맞다. 분명 우리의 전형적인 일반 은총 신학으로는 그에게 일어난 변화를 직접적으로 설명할 길이 없다. 앞서 논의 했던, 1924년 네덜란드개혁교단 선언문(Christian Reformed declarations)에서는 이에 대해 세 가지로 요약한다. (1) 비나 햇빛과 같은 자연적 은총, (2) 인간사에서 악을 억제하는 것, (3) 공적인 정의를 위한 긍정적인 행위. 그러나 이 범주들은 비그리스도인들의 삶 속에서 자주 일어나는, 알코올 중독을 치유하는 "은혜 같은" 변화를 설명하지는 못한다.

한 기독교 상담 치료 전문가가 비그리스도인 부부를 상담하고 있는 경우를 살펴보자. 그들의 결혼 관계는 남편의 외도로 심각하게 상처를 받았다. 그 전문가는 서로의 불신을 둘러싸고 있는 아픔과 두려움, 분노에 대해 솔직히 털어놓도록 돕는다. 그리고 마침내 남편은 아내에게 준 상처와 고통을 인정하며 아내에게 눈물로 용서를 빈다. 아내도 남편에게 새롭게 연민을 느끼고 서로 부둥켜안고 흐느껴 운다. 이제 이 부부는 새로운 삶을 살고자 함께 다짐하게 된다. 분명 이런 치료 과정 가운데, 그들은 죄 사함의 "구원받은" 변화를 경험한 것은 아니다. 그러나 그 전문가는 아주 강력하게 치료하는 은혜(healing grace)가 나타났다고 증언할 것이며 이 치료에 중개자가 된 것에 대해서도 감사할 것이다. 그녀는 하나님이 모든 인간들을 지으신 원래 목적을 조금 더 회복시키는 데 기여했다고 느낄 것이다.

다시 말해서, 이러한 치료의 효과는 1924년 네덜란드개혁교단 선언문이 채택한 일반 은총의 세 가지 범주에 속하지 않는다. 확실히 이러한 효과는 첫 번째 범주인 비나 햇빛과 같은 자연적 은총에 속하지 않는다. 또한 상담 치료 전문가는 이러한 경우를 두 번째 범주와 관련하여, 단순히 악을 억제하는 것으로 보려 하지 않을 것이다. 일반 은총을 논할 때, 악을 억제한다는 개념은 사납고 미친 개가 날뛰지 못하도록 꽁꽁 묶어놓은 상태로 묘사되곤 하기 때문이다. 이 이미지로는 결혼한 부부에게 일어난 강력하고 긍정적인 치료 효과를 설명하기에는 뭔가 아쉬움이 있다.

오히려 이 경우는 금방이라도 대들 것처럼 으르렁거리던 사나운 개가 갑자기 꼬리를 흔들고 사람의 손을 핥기 시작하는 것과 같다. 네덜란드개혁교단 선언문 가운데 가장 근접하게 이러한 치료 효과를 설명할 수 있는 범주는 바로 세 번째인 "공적인 정의를 위한 긍정적인 행위"일 것이다. 칼빈주의 관점에서 대개 이 범주와 관련해서 개연성 있는 경우들은 하나님의 섭리 가운데 사회가 그 자체의 역할을 함으로써 기여했을 때를 의미한다. 사회의 역할은 교회가 하나님의 명령을 수행할 때 제도적 편의를 제공하거나, 사회 질서를 유지하고 보존하는 기능을 하는 것이다. 특히 역사적으로 칼빈주의 사상가들은 사회 질서를 촉진하는 데 지대한 관심이 있었기 때문에 일반 은총을 논할 때 유독 사회적인 문제에 집중해왔다. 그러나 나는 이 칼빈주의자들의 사회적인 관심에서 비롯된 세 번째 범주와 위에서 말한 치료의 사례는 간격이 크다고 생각한다. 치료가 일어난 경우는 우선적으로 사회적 질서 유지와 관련된 문제도 아니고 믿지 않는 두 부부의 회복으로 기독교 공동체의 발전에 기여할 수 있는 문제도 아니다. 이 경우는 이 일이 일어난 그 자체로서 좋아 보인다. 아마 일반 그리스도인들도 하나님이 분명 기뻐하시는 일이라고 여길 것이다.

나는 의도적으로 일반 은총에서 잘 다루어지지 않는 경우를 다루고 있다. 일반 은총을 반대하는 신학자는 내가 방금 든 예에 대해서 어떻게 말할 수 있을까? 기독교 상담 치료 전문가는 단지 감정적으로 잘못 이끌려서 행복의 눈물을 흘린 것인가? 그녀가 화해의 순간에 흘린 행복의 눈물이 **하나님이 주셨다고** 생각하는 것은 잘못일까? 하나님이 이러한 화해의 감격을 주셨다고 확신하는 것이 신학적으로 잘못된 것일까?

반대로 하나님의 공감에 대한 칼빈주의 신학적 입장에서는, 감정적으로 불쾌한 경우도 잘 관찰해보아야 한다. 좀더 명확히 하기 위해서 부정적인 공감(negative empathy)이 일어나는 예로, 말로 하기 힘든 잔인한 경우를 들고자 한다. 냉철하게 분석할 수 있는 사례는 아니지만 논의를 좀더 효과적으로 하기 위해서는 반드시 필요하리라 여겨진다. 동유럽에서 인종 청소가 일어났을 때였다. 몇몇 군인들이 한 무슬림 여자를 강간했다. 그들이 그 사악한 일을 마쳐갈 때쯤, 그녀의 아기가 울기 시작했다. 그때 그녀는 군인들에게 제발 자기 아기를 죽이지 말아달라고 매달렸다. 그 아기를 가만히 두고 자기가 젖을 물리면 곧 울음을 그칠 것이라고 간절히 부탁했다. 그러나 한 군인은 아기를 낚아채더니 아기의 목을 싹둑 잘라버렸다. 그리고 잘려진 아기 머리만 그녀의 가슴에 안겨주었다.

정말 입에 담기에도 끔찍한 이야기가 아닐 수 없다. 그러나 우리는 이러한 이야기에 분명 공포와 분노의 감정을 느끼면서, 이러한 감정에 대해 신학적으로 이해하려고 노력을 기울여야만 한다. 만일 이 여자가 하나님이 택한 사람이 아니라고 가정해보자. 이러한 가정은 내가 이 끔찍한 이야기를 생각할 때마다 압도적으로 느끼는 공포와 분노의 감정에 별반 다른 의미를 부가

하지 않는다. 어떤 칼빈주의자라도—일반 은총에 찬성하든 반대하든—나와 같은 반응을 보일 것이다. 분명히 우리의 마음은 본능적으로 그녀를 향하게 된다. 이것이 하나님이 주신 본능이 아닐까? 만일 칼빈주의자로서 신학적으로 생각한다고 해서 다르게 생각하고 다르게 느끼게 될까? 좀더 근본적으로 접근해보자. 이러한 사건이 일어날 때, 하나님의 마음도 찢어지듯 아파하시지 않을까? 하나님은 이러한 사건을 바라보실 때, 인간의 영원한 운명만을 유일한 기준으로 삼으실까? 만약 하나님이 구원의 최종 운명만을 유일한 기준으로 삼아 이러한 상황을 판단하신다면, 우리가 그녀에게 느끼는 연민과 동정의 감정은 왜 일어나는가? 왜 우리는 마음 깊은 곳에서부터, 그녀와 아기에게 가해진 인간의 잔인함이 엄청난 범죄라고 느끼는가?

설명의 필요

일반 은총의 영역에서 우리 인간에게 연민의 감정을 불러일으키는 경우에 대해 저술한 몇 안 되는 칼빈주의자 중의 한 명이 바로 아브라함 카이퍼. 그는 이러한 경우를 설명할 필요를 인정하면서 이를 일반 은총의 "내적인" 작용과 "외적인" 작용으로 구분하여 설명한다. 외적인 작용은 과학 지식의 진보와 예술의 번영과 같은 모든 종류의 가시적 성과들을 말한다. 그러나 카이퍼는 일반 은총의 내적인 작용을 설명하면서 "사회적인 미덕, 내면적인 양심, 자연스러운 사랑, 인간성의 실현, 공공 의식의 성장, 신실함, 사람들 간의 신뢰, 경건한 삶을 위한 갈망 등 인간의 내면적 삶 어디에서나 일반 은총은 내적으로 작용한다"[9]고 보았다.

카이퍼가 예로 든 것들은 신학적 설명을 요구한다. 그러나 믿지 않는 자들의 삶 속에서 일어나는 은혜의 "내적" 작용을 거부하는 칼빈주의자들은 좀더 많은 것을 설명해야 하는 더 어려운 과제를 안고 있다. 하나님은 믿음이 없는 부부라 할지라도 서로 갈등이 있었던 과거의 내적 상태보다 서로 화해하고 회복된 부부의 지금의 내적 상태를 더 기뻐하실 것이다. 마찬가지로 자식이 어떻게 되는지 개의치도 않는 그리스도인 부모보다 자기 아이를 지극히 아끼고 사랑하는 이슬람교도 어머니의 사랑을 더 기뻐하실 것이다. 믿지 않는 자들이 삶 속에서 경험하는 모든 것들은 그들의 죄악된 본성이 근본적으로 작용하기 때문에 이기적일 수밖에 없으며, 따라서 하나님의 관점에서는 별반 차이가 없다고 말하는 것은 다소 억지스럽다. 이는 마치 전우의 목숨을 구하기 위해 수류탄 위로 뛰어드는 행동도 마찬가지 의미에서 이기적이며, 은행을 털고 그 범죄를 목격한 사람을 모두 죽이는 것도 이기적이기 때문에 두 행위는 근본적으로 같다고 하는 것과 같다.

카이퍼가 믿지 않는 자들의 삶에 역사하는 은혜의 내적인 작용이 존재한다고 주장한 것에 대해 칼빈주의적인 관점에서 두 가지 해석이 가능하다. 첫째는 이를 통해 그리스도인의 입장에서 비그리스도인들이 이루어놓은 외적인 훌륭한 업적을 긍정적으로 평가하고 그 내적인 동인에 대해서도 칭찬할 수 있는 근거가 마련된다는 것이다. 예를 들어 이 관점에서는 믿지 않는 남편이 아내에게 용서를 빈 것은 도덕적으로 올바른 동기를 소유하고 있었기 때문이라고 평가할 수 있다. 그는 분명 결혼 생활에 필요한 서로의 신뢰를 무너뜨린 데 대해 미안해했을 것이다.

그러나 둘째로, 카이퍼는 죄인들이 선을 행할 수 있는 바른 동기가 있더라도 그것은 스스로 그렇게 할 수 있는 것이 아니라, 하나님이 우리 안에서 역사하기 때문에 가능하다는 것을 분명히 인정했다. 이것은 분명 성령의 새롭게 하시고 온전케 하시는 역사로 거듭난 자들의 삶에서는 가능하다. 카이퍼는 성령의 관한 교리를 논하면서 "신자의 삶을 온전케 하고 인격을 성숙시키는 것은"[10] 삼위일체의 셋째 위격인 성령의 역사로 가능함을 강조했다. 그렇다면 선택받은 백성들의 삶에 성령이 역사하듯 믿지 않는 자들의 삶 속에서는 일반 은총의 내적인 작용이 있다고 한다면, 이 경우에도 성령이 역사하고 있다고 말할 수 있을 것이다. 왜냐하면 "성령은 모든 피조물 각자가 창조된 목적을 이루어, 궁극적으로는 하나님께 영광되도록 이끌어가시며", "이러한 영광은 창조세계 가운데 다양한 방식으로 나타나기 때문이다."[11] 이와 같이 성령의 다양한 사역은 "세상 속에서 하나님의 구원 계획을 보완한다. 더 광범위한 의미에서 성령의 사역은, 인간으로 하여금 사탄과 죄에 저항하도록 도울 뿐만 아니라, 하나님이 이미 우리 인간의 역사 속에 계획해두셨던 것을 이루시기 위해 스스로 일하신다."[12]

존 볼트(John Bolt)는 이러한 성령의 신비스러운 역사를 질문의 형식으로 잘 요약해주고 있다.

만일 우리가 신학적으로 성령께서 믿지 않는 자들에게도 생명을 선물로 주시고, 더 나아가 지성, 음악적인 재능, 건강, 튼튼한 체력과 같은 타고난 재능을 주셨다고 말할 수 있다면, 왜 우리는 성령 하나님이 믿지 않는 자들의 마음과 의지가 건설적이며 외적으로 선한 것들을 행할 수 있도록 주권적으로 역사하고 있다고 말할 수 없는가? 예를 들어, 하나님이 기름 부어 세우신 종 고레스가 유대인들을 고향으로 돌아가도록 칙령을 반포한 것이 하나님의 영의 역사로 말미암아 이루어졌다고 해서 신학적으로 문제가 되는가? 만일 우리가 교리문답적인 관점에서는 그러한 일들이 모두 선하다고 할 수는 없지만, 하나님의 영의 역사로 말미암아, 우리 주님이 인간의 모든 역사를 다스리시고, 인간들이 선을 행하도록 이끄신다고 말한다고 해서 무엇이 문제가 되는가? 이러한 역사는 결국 하나님이 정하신 목적에 따라 움직이는 데 말이다.[13]

"은혜는 어디에나 존재한다"

조르주 베르나노스(Georges Bernanos)의 소설 『어느 시골 신부의 일기』(*The Diary of a Country Priest*, 민음사 역간)는 시간 순서를 따라 한 성직자의 생애와 사역을 그린다. 주인공 신부의 임종의 순간이 다가왔는데 아직 마지막 미사를 집행할 동료 신부가 도착하지 않았다. 신부의 친구들은 이를 못내 안타까워했지만, 신부는 죽어 가면서 이렇게 말한다. "뭔 상관이야? 은혜는 어디에나 존재하는걸!"[14]

일부 칼빈주의자들은 "모든 곳에 존재하는 은혜"(Grace is everywhere)라는 주제를 자신들만의 방식으로 이해해왔다. 예를 들어, 아브라함 카이퍼는 은혜라는 것은 모든 **인간사**에 광범위하게 역사할 뿐만 아니라, **자연 일반**에도 역사한다고 말했다. 카이퍼는 창조 질서가 제대로 유지되는 것도, 하나님이 주권적으로 간섭하시기 때문이라고 한다. 하나님이 직접적으로 지키시고 역사하지 않으시면, 창조세계는 곧 스스로 무너지고 만다고 보았다.

일반 은총의 개념을 지지하는 모든 사람들이 카이퍼에게 동의하는 것은 아니다. 한 예로 헨리 반틸(Henry Van Til)은 카이퍼의 주장에 대해, "꽃병 받침이 없었다면 꽃병은 조각조각 부숴지고 말았을 것이라는 것처럼, 세상이 일반 은총 없이는 멸망했으리라는 것은 신학적인 억측이다"라고 비판했다.[15] 물론 헨리 반틸이 카이퍼의 신학적인 추론에 대해 지적한 부분은 옳다. 그러나 그가 나중에 펼치는 논지에서 카이퍼의 일반 은총 사상이 "칼빈주의의 온전한 전통에서 벗어나 있다"[16]라고 하는 부분은 동의할 수 없다.

칼빈주의자들은 하나님이 창조세계와 어떻게 관계하시는지와 관련하여 일반 은총이라는 주제를 이해하고자 했다. 그들이 항상 하나님의 주권적 자유를 강조하고 있기에 이는 놀랄 만한 일이 아니다. 헨리 스톱은 "기적"에 관한 그의 탁월한 글에서 하나님이 자연적인 질서를 다루시는 방식을 이렇게 논했다. "하나님은 그분 자신 외에는 어떠한 규칙에도 얽매이지 않으시는 분이다. 그분은 그가 만드신 모든 것을 그분의 방식대로 이끌어가신다." 게다가 스톱은 더 나아가 "우리 인간이 소위 자연 법칙이라고 특별하게 부르는 것은 그저 하나님이 평범하게 정하신 것을 우리가 발견한 것에 불과하다. 인간이 발견한 그 어떤 것도 하나님보다 앞설 수 없다. 우리는 그저 그분이 정해놓으신 것을 발견할 뿐이다. 하나님이 자유롭게 정하시는 바대로 인간이 발견하여 받아들일 수 있을 뿐 인간이 하나님을 가둘 수는 없다"[17]고 표현했다.

칼빈은 창조 질서가 하나님의 주권적인 섭리에 의해 매 순간 유지되고 있다는 데 상당한 관심을 기울였다. 수잔 슈라이너(Susan Schreiner)는 칼빈이 어떻게 하나님과 창조 질서의 관계를 이해했는지를 탁월하게 연구했는데, 그녀는 이 주제의 핵심을 다음과 같이 짚어낸다.

칼빈을 연구하는 학자들은 칼빈이 자연의 경이로움에서 발견한 기쁨에 대해 잘 지적해왔다. 그러나 이 기쁨은 창조세계 자체가 본래 하나님 없이는 깨어지기 쉽다는 것을 전제하고 있음을 잊어서는 안 된다. 칼빈의 관점에서 볼 때, 자연은 스스로 질서를 유지할 수 없다. 자연의 본래적인 성질은 그 자체로 질서를 유지할 힘이 없다는 것이다. 우리가 인식하고 있는 광대한 우주의 질서 정연함은 오직 하나님의 위대한 능력이 이 창조세계를 힘 있게 유지하시기 때문에 가능하다. 결국 자연의 안정성은 "하나님이 당신이 행하시는 일을 계속해서 기쁘게 유지하고 계실 때"만 가능하다.[18]

슈라이너가 지적하듯이, 칼빈에게 세상은 "죄악의 홍수"에 의해 매 순간마다 잠식당하고 있다. "하나님이 그 죄악을 막아주시지 않으시면, 그 결국 그 죄악은 걷잡을 수 없이 지구 전체를 삼켜버릴 것이다."[19] 여기서 죄악의 잠식하는 위협은 인간이 행하는 일에 대한 것이 아니다. 하나님의 끊임없는 "간섭"이 없다면 모든 세계는 혼돈으로 가득하게 될 것이다. 하나님이 혼돈하는 물이 지정된 경계 안에 머물도록 하셔야 할 뿐만 아니라, "동물들도 계속해서 동물 세계에 머물도록 가둬두셔야 한다. 그렇지 않으면 동물들은 마구 날뛰며 인간들을 삼켜버릴 것이다. 인간들에게도 그렇게 하셔야 한다. 그렇지 않으면, 인간들도 서로를 삼켜버릴 것이다. 칼빈은 하나님이 주권적으로 섭리하셔서 사악하고 악한 세력을 제압하시지 않으시면 그들은 모든 질서를 완전히 뒤엎고 생명력 있는 삶을 살지 못하도록 할 것이라고 주장했다."[20]

몇몇 주석가들은 칼빈이 창조 질서가 깨어지기 쉽다고 염려한 것은 칼빈이 개인적으로 혼돈을 지극히 두려워했기 때문이라고 주장해왔다.[21] 만일 그것이 사실이라고 한다면 개혁주의자 한 사람의 지나친 염려가 결과적으로는 건전한 신학을 형성하는 요인이 된 셈이다. 최근 몇 세기 동안 수많은 사상가들이 세계는 스스로 질서를 유지해서 저절로 돌아간다고 주장해왔으나, 시대적인 혼돈의 벼랑 끝에 선 오늘날에 이러한 주장은 납득하기가 어렵다. 오히려 우리 세대에는 우주 질서(cosmos)라는 개념 자체가 해체되었기 때문에, 질서는 발견되는 것이 아니라 인간의 창조물로 받아들여진다. 이에 혼돈이라고 하는 실질적인 위협에 직면하여, 주권적인 하나님을 인정하는 신학적인 관점은 큰 유익이 될 것이다. 이러한 시대적인 상황에서 "은혜는 어디에나 존재한다"는 칼빈주의적인 주제는 특별히 중요하다.

"은혜"에 대한 질문

헨리 반틸은 일반 은총 신학을 주의 깊게 관찰하면서 긍정적인 결론에 이르러 중요한 질문을 제기한다. 일반 은총 신학에서 말하는 "**은혜**"(grace, 은총)라는 표현이, 그 표현 그대로 "은혜"

로 부를 만한 것인가? 그는 "일반 은총"이라는 용어에 인용 부호를 붙이면서 "은혜"와 구분하는 것이 최선이라고 생각했다. 죄인들을 구원하신 은혜와는 전적으로 다른 은혜이기 때문이다. 왜냐하면 "선택받은 백성에게 임한 예수 그리스도를 통한 구원의 축복의 은혜"와, "선택받지 않은 백성에게 주시는 호의적으로 선을 베푸시는 은혜"는 동등하다고 할 수 없기 때문이다."[22]

헨리 반틸은 올바르게 주의를 기울이고 있다. 모든 복음주의 사상의 핵심에는 인간을 구원하시는 하나님의 은혜에 대한 경외감이 자리하고 있다. 찰스 웨슬리(Charles Wesley)가 질문의 형식으로 이를 잘 표현해준다.

감히 내가 자격이나 있을까?
구원자의 보혈을 받을 자격이.
당신을 고통스럽게 한 나를 위해,
진정 죽으셔야 했는가?
나 때문에 죽임 당하셔야 했는가?
놀라운 주의 사랑! 어떻게 그럴 수 있을까?
나의 하나님 당신이 나를 위해 죽으셨다니.

우리의 은혜의 신학이 갈보리 언덕에서 일어난 하나님의 형용할 수 없는 은혜에 중심을 두고 있다면, 혹은 스펄전의 말대로 "의로운 통치자가 불의한 반역자를 위해 죽었다"[23]고 하는 도저히 이해할 수 없는 사건에 우리의 시선이 고정되어 있다면, 정말 우리가 "은혜"라는 용어를 일반 은총이 말하는 "은혜"에도 동일하게 사용할 수 있을까? 분자들이 서로 결합하도록 작용하는 힘이나, 계절이 주기적으로 돌아가도록 감독하고, 죄인들이지만 아름다운 멜로디를 작곡할 수 있는 능력을 주시고, 이웃들과도 평화롭게 어울려 살아가는 마음을 주시는 것 이 모두를, 놀랍고도 엄청난 구원의 은혜와 같은 것이라 말할 수 있는가?

이 문제를 가볍게 여겨서는 안 된다. 우리 중에 일부는 본회퍼(Bonhoeffer)의 "값싼 은혜"의 개념을 들어 하나님의 자비를 받았으면서도 세상에서 정의를 실현하기 위한 대가를 지불하기를 거부하는 자들을 비판하곤 한다. 그러나 마찬가지로, 우리가 이 땅 가운데 온전한 정의를 부르짖으면서, 완전히 참되시고 정의로 우신 오직 한 분뿐인 하나님께 간구하지 않는 것도 은혜를 값싼 것으로 만드는 것이 된다. 그렇다면 반틸이 일반 은총과 "은혜"를 명확하게 구분하지 않는 경우에 대해 우려한 부분에 주의하는 것은 당연하다.

여전히 일반 은총의 현실적인 문제에 대해서 논할 때 일반 은총을 지지하는 자나 반대하는 자 모두 하나님이 구원과 상관없는 일에도 호의를 베푸신다는 부분이 핵심적이라는 데 의견을 같이한다. 이런 면에서 하나님이 세상을 창조하신 것 자체를 은혜의 역사로 묘사하는 것이 의미심장하게 다가온다. 하나님은 사실 아무것도 창조하실 필요가 없으셨다. 존재하는 모든 것들은 하나님이 그것들의 존재를 좋게 보셨다는 사실에 근거하고 있다. 그렇기에 하나님이 선택받지 않은 인간 피조물에게도 호의를 베푸실 수 있다고 생각하더라도 이치에 어긋나지 않는다. 하나님은 분명 비그리스도인 여인이더라도 잔인하게 강간당하는 모습에 마음 아파하며 공감하실 것이며, 믿지 않는 세속적인 부부이지만 서로의 관계가 회복될 때에 기뻐하실 것이다. 또한 하나님은 세상 사람들이 하나님이 주신 재능으로 아름답고 선한 업적을 만들어내는 것에도 관심이 있으시다. 이를 설명할 만한 더 적절한 용어가 없기 때문에 이러한 상황 가운데 역사하고 있는 힘을 일컬어서 일종의 "은혜"라고 이름 붙였다고 생각해도 무방할 것이다.

하나님의 복합적인 목적

나의 근본적인 입장은 하나님은 복합적인 목적(multiple divine purposes)으로 세상을 이끌어가신다는 것이다. 쉽게 말해서 하나님은 그분이 창조하신 세상에서 그분의 계획을 드러내심에 있어, 오직 한 가지에만 관심을 집중하지 않으신다는 것이다. 하나님은 각 사람의 영원한 운명에도 분명 관심이 있으시지만, 더 나아가 그분의 계획은 더 넓은 창조세계에까지 미친다. 헤르만 바빙크와 아브라함 카이퍼 모두 이 부분에 대해서 분명한 입장을 취했다. 그들은 인간의 어떠한 노력의 결과도 종말론적인 관점에서 가치가 있음을 성경이 가르치고 있다고 확신했다. 이렇게 주장하는 성경적인 근거로 요한계시록 21:24-26을 들고 있다. 사도 요한은 땅의 만국이 거룩한 성의 빛 가운데로 다니고, "땅의 왕들이 자기 영광을 가지고 그리로 들어오며 사람들이 만국의 영광과 존귀를 가지고 그리로 들어오는" 환상을 보았다고 기록한다.

분명 성령으로 영감받은 저자는 신비의 영역에 관한 것을 말하고 있다. 그렇다면 현재 존재하는 것들은 마지막 영광스러운 날에는 어떻게 되고, 어떤 기여를 할 수 있을까? 이방 문화의 영광스럽고 존귀한 것들이 "무엇이든지 속된 것은 들어가지 못하는"(계 21:27) 거룩한 성에 들어갈 수 있을까? 아직 이 땅에 저주가 완전히 제거되지 않았는데 과연 우리가 지금 이 세상에서 그러한 것들을 어느 정도나 사용하고 누릴 수 있단 말인가?

우리 중 일반 은총을 인정하는 자들은 그 가르침이 자주 오용되어왔음을 인정해야 한다. 일반 은총의 가르침은 죄악된 문화에 마치 큰 변혁이라도 불러올 것인 양 승리주의적인 거짓 희망을 조장해왔기 때문이다. 그럼에도 불구하고 일반 은총 신학자들의 옳은 점은 하나님이 복합적이고 다양한 목적으로 현 시대를 이끌어가고 계시며 그의 신실한 백성을 부르시어 다양한 하나님 나라의 목표를 실현하는 대리자로 삼으신다는 것이다. 이렇게 문화적으로 복잡하고 어려운 시대일수록 칼빈주의적 온전함과 겸손함으로 문화적인 노력을 기울이는 것이 중요하다. 그와 더불어 깊은 상처를 입은 세상에서 하나님의 복잡하고 다양한 뜻을 분별하는 작업 또한 포기해서는 안 된다. 이것이 바로 일반 은총 신학자들이 우리에게 주문해온 것이다.

하나님이 복합적인 목적을 갖고 계시다는 문제는 칼빈주의자들 사이에서도 의견이 분분하다. 내가 확신하기에는, 칼빈주의 진영 내 "타락후선택설"(infralapsarians)과 "타락전선택설"(supralapsarians) 사이의 오랜 논쟁이 이 문제와 근본적으로 관련이 있다. 이들의 논쟁은 쓸모 없는 신학 논쟁의 대표적인 예로 많이 거론되었는데, 나는 이러한 평가가 잘못되었다고 생각한다. 사실 "타락후선택설"과 "타락전선택설"의 대화는 세상을 향한 하나님의 목적에 관한 근본적인 물음에서 비롯된 것이다. 다음 장에서는 이러한 논쟁이 어떻게 우리가 **"창조주 하나님의 영광은 모든 아름다운 것 가운데 빛나신다"**는 주장을 이해하는 데 도움이 되는지 검토해볼 것이다.

제4장 "타락 전"인가, "타락 후"인가?

:: 일반 은총에 대한 주요 논쟁

"Infra-" versus "Supra-"

시어도어 크렙스(Theodore Kreps)는 1973년 우수 동문상을 받기 위해서 칼빈 대학교를 방문했다. 크렙스는 1917년 칼빈 대학교를 졸업하고 하버드 대학교에서 경제학 박사학위를 받았다. 이후 스탠퍼드 대학교에서 30년 동안 재직하면서 비즈니스 경제학자로서 국제적인 명성을 얻었다. 크렙스 교수는 축하연 자리에서, 어떻게 50여 년 전에 미시간 주 그랜드 래피즈에 있는 대학으로 공부하러 오게 되었는지 개인적으로 말해주었다. 일단의 네덜란드 칼빈주의자들이 미네소타 주 프린스버그에 모여 조그마한 농업 공동체를 이루고 살았는데, 이곳에서 자란 그는 대학 교육이라고는 꿈도 꿀 수 없었다. 그러나 기회가 없지만은 않았다. 아이오와 주 펠라에 있는 네덜란드개혁교회연합이 후원하는 한 논문 대회에서 최우수상을 받으면 상으로 칼빈 대학교 등록금을 준다는 사실을 알게 되었다. 그는 곧바로 화물열차에 몸을 싣고 아이오와 주로 갔다. 도착해서 보니 논문을 작성하는 데 주어진 시간은 고작 24시간밖에 되지 않았다고 한다. 게다가 주제는 타락후

선택설과 타락전선택설 논쟁이었다. 그는 곧바로 공원 벤치에 앉아서 논문을 쓰기 시작했다. 결과는 좋았다. 그가 이 이야기를 마쳤을 때, 나는 그에게 어느 쪽을 지지하는 논문을 작성했냐고 물었다. 그는 조금도 머뭇거리고 않고 "그거야 당연하지요! 나는 항상 타락 후(infra) 입장을 지지했거든요"라고 대답했다.

나는 그가 어떻게 조금도 주저하지 않고, "당연하지요!"라고 대답했는지 궁금했다. 그렇다고 그가 타락전선택설(supralapsari-anism, 전택설)을 지지하기를 기대한 것은 아니었다. 타락후선택설(infralapsarianism, 후택설)은 칼빈주의 전통에서는 다수를 차지해 왔으며 타락전선택설은 기껏해야 묵인되는 정도였으니까 말이다. 크렙스 교수에게서 인상적이었던 것은 그가 타락후선택설을 지지하는 부분에 있어서 강한 확신을 갖고 있다는 것이었다. 최근의 경향을 보면, 적어도 주류 개혁주의 사상가들은, 이런 논쟁을 한낱 답도 없는 엉터리 말장난(a pseudo-puzzle)으로 보고 있다. 그러나 분명한 것은 크렙스 교수는 굉장히 신중한 사람이며 그가 타락후선택설을 지지하는 데는 합당한 이유가 있음을 감지할 수 있었다. 그때 나는 언젠가 때가 되면 신학적인 관점에서 이 문제를 살펴보겠다는 뜻을 품었다. 이 장은 그러한 관점을 살필 수 있는 좋은 출발점이 되리라 생각한다.

전통적인 입장

두 입장은 하나님이 인간을 최종 구원하기로 선택하신 과정에 대해 서로 다른 전통을 형성하고 있다. 하나님이 세상을 창조하시고, 인간의 타락을 허용하시고, 그중 일부만을 영원한 구원으로 선택하기로 결심하는 일들의 순서가 다른 것이다. 전택설은 하나님은 이미 모든 계획 이전에 선택할 백성과 유기할 백성을 정해놓으셨다고 주장한다. 그러고 나서 세상을 창조하시고 타락도 허용하심으로써 이 모든 일이 일어나도록 결정하셨다는 것이다. 이러한 선택과 유기에 대한 결정은 하나님이 타락을 허용하시기로 결정하기 이전(supra)에 이미 이뤄져 있었다는 것이다. 후택설은 이와는 순서가 다르다고 주장한다. 하나님이 세상을 창조하기로 가장 먼저 작정하시고 그 다음에야 타락을 허용하기로 작정하셨다는 것이다. 그리고 이런 결정들 이후에야 비로소 선택과 유기에 관련된 하나님의 결정이 이뤄졌다고 주장한다. 이는 하나님이 선택과 유기를 통해 목적하시는 바가 죄로 인해 타락하게 될 세상을 창조하기로 결정한 이후(infra)에 나타났다고 보는 입장이다.

개혁주의 전통의 신앙고백들 가운데 1618-1619년에 기록된 도르트 총회의 신조가 이러한 문제에 대해 아주 자세하게 설명하고 있다. 이 신조는 주로 후택설의 주장에 동의하고 있으며 하나님은 인류가 이미 타락한 상태에서 구원할 백성을 선택하시기로 작정하셨다고 묘사하고 있다.

> 선택은 하나님의 변할 수 없는 목적이다. 하나님은 그로써,
> 세상의 기초가 놓이기 전에 그분의 선하신 주권에 따라 은
> 혜로 인하여, 자신의 잘못을 통하여 그 최초의 상태로부터
> 타락하여 죄와 파멸에 들어서게 된 모든 인류 가운데서 얼
> 마간의 사람들을 그리스도 안에서 구속을 받도록 택하신다.
> 하나님은 그리스도를 영원 전에 선택받은 자들의 중보자와
> 머리로 지명하셨으며 구원의 토대로 지명하셨다.[1]

분명 도르트 신조는 후택설의 관점을 지지하고 있으나 전택
설을 반대하거나 비난하지도 않는다. 1905년 네덜란드개혁주의
(Gereformeerde) 교회가 공표한 "위트레흐트의 결론"(Conclusions of
Utrecht)에 예시된 것처럼, 칼빈주의 교회들은 두 입장을 모두 인
정하는 표현을 공식적으로 해왔다. 네덜란드개혁주의 총회 대표
자들은 후택설을 그들의 공식적인 입장이라고 재확인하면서도,
"도르트 총회가 이 논쟁점에 대해 아무런 발표를 하지 않았기 때
문에", "전택설을 지지하는 자들을 괴롭히지 않고, 그들을 인정하
는 것도 개혁주의 신자로서 중요함"[2]을 지적했다.

전형적인 반대 의견

그러나 많은 신학자들이 두 가지 입장 모두 근본적으로 잘못되었다고 보았다. 그들은 후택설과 전택설 논쟁은 중세 스콜라 철학의 "바늘 끝에 설 수 있는 천사의 수"(angels on the head of a pin) 논쟁과 유사한 점이 많다고 본다. 이 논쟁은 개혁주의 전통에 속한 많은 사람들에게 부끄럽고 무의미한 신학 논쟁의 대표적인 예로 받아들여지며, 개혁주의 전통 바깥에 있는 자들에게는 논리적 오류의 결과를 보여주는 대표적인 예가 되었다.

좀더 세부적으로 보자면 논쟁을 반대하는 견해들을 적어도 셋으로 분류할 수 있다. 첫 번째 반대는 이 논쟁을 그저 지적인 오만함에서 비롯된 것으로 본다. 영국의 정치 지도자 윌리엄 윌버포스(William Wilberforce)의 한 아들이 일기에 아버지에 관한 이야기를 기록했다. 윌버포스는 평소 잘 알려진 칼빈주의 사상가의 작품을 즐겨 읽었다고 한다. 윌버포스는 책을 읽다 말고, "어떻게 성경 말씀과 이렇게 다를 수가 있지? 저자는 전능하신 하나님 자리에 앉아, 마치 모든 것을 다 알고 있는 것처럼 얘기하고 있잖아!"[3]라고 말하며 화를 냈다고 한다. 이러한 윌버포스의 예는 칼빈주의에 대한 일반적인 불만을 보여주고 있는 것이라 할 수 있다. 이는 알프레드 카진(Alfred Kazin)이 미국 문학 영역에서의 종교의 역할을 다룬 최근 연구를 다음과 같은 문장으로 시작한 것을 떠올리게 한다. "뉴잉글랜드가 탄생될 때, 당대의 우리 작가들은 모두 칼빈주의자들이었다. 이들은 자신들이 삶의 모든 영역에서 하나님과 그분의 모든 목적을 알고 있다고 절대적으로 확신하고 있었다."[4]

칼빈주의자들이 너무도 당당하게 하나님의 뜻과 역사를 다 알고 분별하는 것처럼 말함으로써, 하나님이 행하시는 신비의 영역마저도 침범하고 있다는 비판들은 분명 옳은 점이 있다. 그러나 우리는 너무 성급하게 이 비판을 받아들여서는 안 될 것이다. 칼빈주의자들이 후택설과 전택설에 대한 시나리오를 만들어서 논쟁한 것이 잘못되었는지 여부를, 단순히 이러한 이론이 지나치게 복잡하고 사변적이라는 이유로 단정 지을 문제는 아니다. 신학적인 작업은 이러한 사변적인 논리를 통해 주로 발전하기 마련이다. 이러한 점을 고려하면서 우리는 칼 바르트가 이러한 교리적 논술이 일종의 "교회적 유용성"을 지니고 있다고 주장한 것,[5] 그리고 리처드 멀러(Richard Muller)가 좀더 자세하게 칼빈주의가 하나님의 영원한 목적들에 관한 체계들을 건설하기를 좋아한 것은 "참으로 한 형태의 신학적 사변으로…그것은 경건의 필요에 따라 나온 사변이다"라고 주장한 것[6]을 검토해봐야 할 것이다.

두 번째 반대 이유는 첫 번째 이유와도 밀접하게 관련되어 있는데, 후택설과 전택설을 주장하는 자들 모두, 구원의 논리적인 순서 문제에만 집착한 나머지 문제의 초점을 잘못 인식했다는 것이다. 단순히 말해 후택설과 전택설 논쟁은 논리적 순서 문제에만 집착한 극단적인 예라는 것이다. 이러한 두 번째 반대 의견에도 너무 성급하게 동의해서는 안 된다. 게다가 후택설·전택설 논쟁을 하는 자들이 이러한 반대 의견을 받아들여야 할지도 분명하지 않다. 이 상황을 논리적인 순서의 문제로 보는 것보다 후택설과 전택설의 문제를 내러티브 신학(narrative theology)의 일환으로 생각해보면 어떨까? 이렇게 논지를 전개해봄으로써 두 관점의 옹호자들은 단절되어 있던 부분에 대해 새로운 내러티브로 의견을 모을 수 있는 계기가 될 것이다. 헤르만 훅세마도 후택설·전택설 문제를 단순히 하나님의 경륜 가운데 "무엇이 먼저이고 나중의 문제인지" 논리적 순서의 문제로 보지 말라고 경고했다. 그는 오히려 두 논쟁에 참여한 자들이 다음과 같은 의문을 풀고자 했음을 지적하고 있다. "하나님의 경륜 가운데 무엇이 목적이고 무엇이 수단인가? 그러한 하나님의 섭리와 계획을 베푸신 주요 대상은 무엇이고 이에 부차적이고 종속적인 것들은 무엇인가?"[7]

칼 바르트는 이 두 관점 모두 하나님의 구원 목적을 설명하는 상호 보완적인 의견이라고 보았다. 바르트는 전택설의 입장이 우리에게 말해주는 바를 다음과 같이 정리했다.

하나님께서는 그분의 수많은 목적 가운데, 제일 중요하고 근본적인 하나의 목적을 갖고 계신다. 따라서 이 하나의 근본적인 목적은, 이 땅을 창조하는 것도 아니고, 인간이 타락하도록 허용하시는 것도 아니다. 하나님의 고유하고 본래적인 목적은 쉽게 말하면 이러하다. 하나님 자신과 그분의 영광,

자세히 말해 그분의 은혜와 공의가, 구원의 역사를 통해 인간들 가운데 드러나는 것이다. 이에 선택된 백성과 저주받은 백성으로 구원의 역사가 나타난다. 이러한 구원의 유일한 하나님의 뜻과 작정에 따라, 다른 모든 하나님의 계획들은 부차적인 것이 되며, 구원을 달성하는 데 있어 중간자적인 수단 역할을 한다.[8]

이에 반해, 후택설에 관한 설명은 다소 분명하지 않다. 바르트는 후택설 또한 "하나님의 영원한 목적은 그분 자신을 드러내고 그분을 영화롭게 하는 것이다"라고 주장하지만, 후택설은 이렇게 주장하는 데에 대한 논거를 자세히 제시하지 않고, 그저 "하나님의 근본적인 하나의 목적에 대한 내용이나, 창조와 타락에 관한 하나님의 작정에 관한 내용 모두 정확하게 알 수 없다"[9]고만 한다고 관찰했다.

세 번째 반대는, 예정에 관한 교리의 도덕적인 문제에 특별히 초점을 맞추고 있다. 데이비드 흄(David Hume)은 자신의 저서, 『종교의 자연적인 역사』(Natural History of Religion)의 마지막 결론에서, 중세의 기사 램지(Chevalier Ramsay)의 말을 인용하면서 칼빈주의의 도덕적인 문제에 관한 거부감에 대해 솔직히 털어놓고 있다. 흄은 램지가 칼빈주의의 기본 주제에 대해 강한 거부감을 갖고 있었으나 기독교 자체를 반대한 것은 아니라고 강조하면서 램지의 말을 다음과 같이 인용한다. "역겨운 이교도들이 음

욕과 근친상간, 간음과 같은 죄악들을 신성시하는 데 비해, 칼빈주의 예정론 박사님들(predestinarian doctors)은 잔인성, 분노, 혈기, 복수와 같은 다른 모든 악한 것들을 신성시해왔다."[10] 이와 같이 칼빈주의에 반대하는 견해는 윌리엄 엘러리 채닝(William Ellery Channing)이 1820년에 쓴 「칼빈주의에 반대하는 도덕적 논쟁」 (Moral Argument against Calvinism)이라는 논문에서도 아주 자세하게 나타난다. 채닝이 주장하는 바는 칼빈주의가 다음과 같은 종교라는 것이다. "칼빈주의의 하나님은 우리가 도덕적으로 확신하는 바와 자비를 베푸는 감정이 공포로 위축되게 하는 일을 한다. 그래서 이러한 공포가 우리 삶의 방식을 형성해 우리를 과격한 괴물로 둔갑시키게 한다."[11]

이러한 도덕적인 반대에 대해 직접적으로 두 가지로 답변할 수 있을 것이다. 첫째로는 하나님은 선하신데 왜 악이 존재하는가 하는 신정론(theodicy)에 관련된 답변이 열쇠를 제공할 것이다. 둘째로는, 칼빈주의 내에 존재하는 도덕적인 결함이, 성경 말씀의 전체 내러티브를 진지하게 다루는 다른 신학적인 전통에서도 같은 방식으로 드러나는지 살펴보는 것이다. 두 번째 답변에 대한 예로, 토마스 젠킨스(Thomas E. Jenkins)가 채닝을 지적한 것을 들 수 있다. 젠킨스는 채닝이 예수님이 보여주신 예와 가르침을 가지고서, 칼빈주의를 조잡하다고 반박하기 위해서 이용했는데 이는 문제를 다른 영역으로 이동시킨 것이라고 보았다. 채닝은 하나님의 성품의 문제에 관해 이야기하면서 칼빈주의자들이 하나님의 성품을 잘못 묘사했다고 지적했다. 그러나 채닝이 지적한 하나님의 성품에 관한 칼빈주의자들의 묘사는 복음서에 나타난 예수님의 성품과 일치하는 면이 많다. 결국 채닝도 공관복음에 나타난 자료를 선택적으로 취한 셈이 되는 것이다.[12]

한편으로는 이 문제에 대해 간접적으로 접근할 수도 있다. 이 논의에서 내가 말하고자 하는 핵심은, 후택설과 전택설 사이의 논쟁을 비롯해서, 이에 대한 비판의 소리를 접할 때, 우리는 좀더 근본적인 문제를 직시해야 한다는 것이다. 이러한 문제는 결국 하나님의 성품이 어떻게 묘사되어야 하는가, 하나님의 "영광"은 어떻게 해석되어야 하는가, 하나님이 창조하신 일반적 실제의 상태는 어떤 것인가, 인간성을 이해함에 있어서 후택설과 전택설 두 입장이 함의하는 바가 무엇인가 하는 것이다.

하나님의 성품

토마스 젠킨스는 "미국 개신교 신학자들이 하나님의 성품을 어떻게 이해해왔는지"에 관한 최근 연구 가운데, 성경은 하나님을 "정서적 복잡성"(emotional complexity)[13]을 지닌 분으로 제시하고 있다고 보고했다. 그러나 젠킨스가 말한 신학자들은 하나님의 성품을 묘사할 때, 감정적으로 복잡하신 분이라고 말하기를 꺼려하는 듯 보인다. 대신에 그들은 하나님의 심리적인 삶(psychic life)

을 단순화시키는 방법을 찾는다. 그들은 하나님의 성품을 정신적으로 건강한 삶의 모델로서, 신고전적이며 감성적이고 때로는 낭만주의적 성격으로 묘사하려고 한다.

후택설·전택설 논쟁은 부분적으로는 하나님의 심리적 복잡성에 관한 논쟁으로 볼 수 있다. 물론 두 관점 모두, 하나님은 스스로 영광받으시고자 하는 근본적인 열망을 갖고 계시다는 것에서부터 출발한다. 전택설의 경우, 하나님이 이러한 열망을 이루시기 위해 선택받은 백성과 버림받은 백성의 운명을 미리 정하셨다고 재빨리 결론을 짓고 논리를 전개한다. 이처럼 하나님이 가장 근본적으로 이루시고자 하는 바를 정하신 후에야 세상을 창조하시고 죄를 허용하시기로 작정하셨다는 부차적인 설명이 뒤따르게 된다.

후택설의 관점은, 하나님이 스스로 영광을 받으시기 위한 계획을 다루는 데 다소 복잡한 양상을 지닌다. 후택설의 내러티브에서는 하나님이 자기 영광을 위해 처음부터 광범위한 계획을 갖고 계셨다고 한다. 하나님이 가장 처음 하신 결정은 인간이 사는 세상을 창조하시기로 한 것이며, 그 다음으로 하나님은 그분만이 아시는 뜻에 따라 죄가 들어오도록 허용하셨다는 것이다. 이러한 순서로 하나님의 역사가 진행되는 가운데 하나님은 부패한 인간들 중에서 구원하실 백성을 택하시고 나머지는 반역의 상태로 남아 있도록 허락하셨다. 두 관점 모두 하나님은 근본적으로 자기 영광을 위해 모든 역사를 행하신다고 주장한다. 그러나 각각의 관점은 하나님의 창조와 구원의 계획을 이해하는 데 다른 방향성을 가지고 자신의 견해를 펼쳐나간다.

　그들은 왜 하나님의 성품을 다른 방향성을 가지고 접근할까? 헤르만 바빙크는 두 관점 사이의 차이점을 분명히 했다. 전택설은 "거대한 하나의 큰 틀인 예정의 교리 밑에 하나님의 모든 작정들을 종속시키는 반면, 후택설은 하나님의 작정이 여럿임을 강조하고자 했다."[14] 전택설이 하나님의 작정이 여럿임을 거부하는 데는 적어도 두 가지 이유가 있다. 첫째는 하나님의 단순성에 관한 교리 때문이다. 혹세마는 하나님의 전체적인 경륜은 오직 하나이기에, 섭리와 예정을 서로 구별되는 작정으로 다루는 것은 잘못된 것이라고 주장했다.[15] 둘째는 하나님의 마음은 오로지 그분의 영광을 위해 계획하신 대로, 그분의 형상을 닮은 인격적인 존재의 영원한 운명에만 관심을 두시기 때문이라는 것이다. 이에 대하여 혹세마는 "하나님의 경륜 가운데 하늘과 땅에 있는 모든 다른 것들은 하나님의 선택과 유기의 구원의 목적을 실현하는 수단으로 고안된 것이며, 따라서 이는 결국 그리스도의 영광과 그의 교회의 영광을 실현하는 수단이다"[16]라고 말했다.

　방금 말한 것에 대해 좀더 명확히 해둘 필요가 있다. 만일 우리가 전택설 지지자들에게 우주에서 일어나는 어떠한 일에 대해서 질문을 던진다면 그들은 어떻게 대답할까? 그들에게 완전하고 충분한 답변은, 하나님의 선택과 유기라는 영원한 운명의 관점과 반드시 연관되어 있어야만 한다. 왜 플라톤은 『국가론』을 저술했을까? 그에 대한 대답은 언제나, 하나님이 "선택과 유기"라는 구원의 최종 목적을 실현하시는 과정이기 때문이라고 할 것이다. 왜 야구선수 베이브 루스는 한 시즌에 60개의 홈런을 쳤을까? 왜 케네디 대통령은 피그스 만 침공 작전을 승인했을까? 왜 1998년 도쿄 증권거래소는 급격한 하락을 겪어야만 했을까? 이러한 모든 질문에 대한 답변은 결국 하나님이 택하신 백성을 구원하시는 최종적인 목적을 실현하기 위함이라는 하나의 결론밖에 없다.

이에 반해 후택설은 궁극적으로 하나님은 여러 가지 다양한 목적을 실현하시고자 한다고 주장한다. 따라서 위와 같은 질문에도 여러 가지로 대답할 수 있는 충분한 여지를 열어두게 된다. 하나님은 운동선수가 뛰어난 재능을 발휘하는 것을 충분히 기뻐하신다. 왜냐하면 이러한 하나님의 목적들은 최종적인 구원의 "선택과 유기"라는 기준에 종속되어 있기보다는, 같은 비중의 중요성을 지니기 때문이다. 이것은 분명 바빙크의 관점과 일치한다. 바빙크는 트위서스(Twissus)의 글을 인용하면서, "하나님의 작정 가운데 다른 차이를 보이는 요소들은 서로 종속적으로 관계되어 있는 것이 아니라 서로 협력하여 존재한다"[17]라고 강조했다. 바빙크에 따르면, 우리는 "하나님의 작정은 그 내용에 있어 우주의 전체 역사만큼이나 풍성하다. 왜냐하면 우주의 전체 역사를 통해서 하나님의 작정이 전개되고 있기 때문이다"[18]라는 입장을 취할 수 있다.

하나님의 "영광"

이 논의에서 자주 등장하는 용어인, "하나님의 영광"을 어떻게 이해해야 할까? 전택설은 "선택과 유기"라는 작정을 통해서 영광을 받으시기를 원하시는 하나님을 제시하는데, 그에 따르면 하나님은 완전히 스스로에게 몰두하시는(self-absorbed) 존재로 묘사될 수 있다. 훅세마는 하나님을 다음과 같은 존재로 보았다. "하나님은 자신을 중심으로 삼으시며 자신에게 성별되어 있으시다. 하나님은 사랑 안에서 그분 자신을 추구하고 발견하신다. 하나님은 오직 자신으로만 기뻐하시고, 은혜로 자신을 향하신다. 그분은 당신 자신의 사랑스러움에 매력을 느끼시며, 자신의 한없는 아름다움에 기뻐하신다."[19] 이것이 의미하는 것은 하나님이 하나님 자신 밖으로 무엇인가를 의식하시는 것처럼 보이는 모든 것들이 사실 하나님 자신의 자기 충족적 상태에 대한 관조라는 것이다. 그러므로 하나님이 "선택과 유기"를 통해 구원의 최종 목적을 성취하셨을 때 경험하시는 만족은 하나님 자신의 거룩함에서 비롯된 만족인 것이다. 교회는 그리스도 안에서만 거룩해질 수 있기 때문에, 선택받은 자들의 거룩함에 대한 하나님의 관조의 주체와 대상은 모두 하나님의 삼위일체적 삶 가운데 위치하고 있다.[20]

이는 자아중심주의 심리학자들(psychological egoists)이 모든 인간의 동기들을 자기 이익을 증진하려는 욕망의 관점에서 설명하려 하는 것과 유사한 점이 있다. 자주 인용되는 두 가지 예가 있다. 하나는 일본 천황을 위해 자신의 목숨을 아끼지 않는 가미가제 특공대의 비행기 조종사의 예와, 다른 하나는 화재가 난 빌딩에서 아이의 목숨을 살리기 위해 자신을 희생하는 어머니의 모습이다. 자아중심주의 심리학에서는 위의 두 가지 예도 겉보기에는 자신이 아닌 타인을 위한 행동처럼 보이지만, 결국은 자기만족을 위한 동기에서 출발했다고 설명한다. 이 비행기 조종사와 어머니는 어떤 면에서는 자신들이 생각하는 개인적인 안녕을 증진하기를 바라고 한 것이다. 아마도 그들은 내세의 영원한 보상을 바랐을지도 모른다. 또 그들이 목숨을 던짐으로써 죽음 이후에 돌아올 박수 갈채나 사람들의 기억에 남을 만한 인물로 기억되는 것에 만족했을지도 모른다.

당연히 개혁주의 관점에서는 인간의 자기중심주의 심리학을 하나님의 심리에 적용하는 것은 불가능한 일이다. 인간적인 이론으로 하나님의 관점을 평가해 이의를 제기할 수 없다. 하나님께는 그분이 창조한 우주 가운데 그분의 뜻대로 하실 수 있는 배타적인 권리가 있다. 그래서 하나님 스스로 영광을 받으시고자 하는 열망도, 하나님의 "완전한 자기 몰두"라는 관점에서 이해되는 것이 가장 나을 수 있다. 그러나 이러한 부분에 대해 좀더 논의할 필요가 있을 것이다. 하지만 적어도 완전한 하나님의 자기 몰두라는 개념을 온전히 이해하기 위해서는, 하나님이 삼위일체로 존재하신다는 것을 반드시 전제해야만 한다. 만일 삼위일체의 세

위격들이 서로 다른 두 위격의 안녕을 위해 영원히 헌신한다고 받아들이게 되면 하나님의 "자기" 몰두에 관한 논의는 어딘가 부족한 오도된 것이 될 것이다.

그러나 다른 방향에서도 접근할 필요가 있다. 훅세마는 하나님의 자기 몰두라는 큰 틀 안에서 하나님이 스스로 영광을 받으시고자 하는 계획이 하나님의 자기 관조(self-contemplation)라는 개념과 크게 연결되어 있음을 강조한다. 하나님의 자기 관조란 하나님 스스로 그분의 가치를 발견하며, 자신의 아름다움을 기뻐하시는 등의 그분 자신의 내면 지향적인 이미지를 말한다. 반면에 헤르만 바빙크는 하나님이 그분 스스로 영광 받으시고자 하는 열망을 묘사할 때 하나님의 외부 지향적인 이미지를 사용한다. 바빙크는 하나님이 모든 방법을 동원하셔서 최종적으로 그분의 모든 탁월하신 경륜의 영광이 드러나도록 하신다고 기록하면서, 이것이 단지 선택과 유기라는 개인 구원의 문제에만 국한된 것이 아님을 강조했다. 오히려 인간 개인의 최종적인 상태는, "피조물에 들어맞는 방식으로 하나님의 탁월성을 드러내시기 위해 채택한 수단들 중에 하나"다. 바빙크는 하나님의 계시되는 계획들의 복합성을 강조하는 한 방법으로, 우리가 다음과 같은 잘못된 가정을 하지 않도록 경고한다.

하나님은 유기의 영원한 상태에서는 배타적으로 그분의 공의만 드러내시고, 선택의 영원한 상태에서는 배타적으로 그분의 자비만 나타내신다고 가정해서도 안 된다. 예수님의 피 값으로 산 교회에서도 하나님의 공의는 드러나며, 지옥에 떨어지는 벌을 받아야 하는 곳에도 형벌의 정도에도 차이가 존재할 뿐 아니라, 하나님의 자비의 섬광도 존재한다.[21]

다시 말해 바빙크는 하나님이 자기 영광을 위해 일하시는 것은 단순히 자기 응시 이상의 것이며, 외부 지향적인 가르침을 포함하고 있다고 말한다. "우주라는 개념은 진정 하나님에 의해 존재한다. 이에 우주는 피조물에 들어맞는 방식으로 그분의 영광과 그분의 탁월성을 드러내실 수 있다. 비록 피조물은 유한하고, 약하고, 불완전할지라도, 분명 하나님의 자기 지식(self-knowledge)을 진실하게 드러내주는 재현물(reproduction)이다."[22] 이러한 관점으로 본다면, 하나님은 창조한 현실을 단순히 그분의 광휘를 반사해서 비춰주는 흐릿한 거울로만 보지 않으신다. 그분은 창조된 세계 그 자체의 유익을 위해서도 그분의 뛰어난 손길을 이 땅 가운데 펼쳐 보이신다는 것이다. 바빙크는 이러한 하나님의 손길을 다음과 같이 잘 표현하고 있다.

장차 "영광의 상태"는 형용할 수 없을 만큼 풍성하고 영광스러울 것이다. 우리는 새 하늘과 새 땅, 새 인류와 회복된 우주, 끊임없이 발전하고 계속적인 하나님의 손길을 기대한다. 창조와 타락, 아담과 그리스도, 자연과 은총, 믿음과 불신, 선택과 유기, 이 모든 것이 각각의 역할에 따라 장차 이뤄질 결과를 향해 작용할 뿐만 아니라 장차 영광의 상태에 이르는 과정 가운데에서도 협력하여 작용한다. 분명 우주는 역사를 통해 모든 것들이 함께 공존해왔으며, 하나님의 선하심의 끊임없는 계시를 계속 구성해오고 있다. 우주는 장차 다가올 미래에 있을, 더 높고 더 풍성한 계시로 나아가는 하나의 수단이기도 하지만, 동시에 그 자체로서의 가치도 지니고 있다. 이러한 역사는 계속해서 장차 다가올 구원의 마지막 때에서도 영향을 발휘할 것이다. 또한 그 역사는 구원받은 인간들이 지금 존재하는 세계를 갖추어 나감으로써, 하나님을 높이고, 영광돌릴 수 있도록 이어갈 것이다.[23]

창조의 신학

칼 바르트는 후택설과 전택설의 차이점에 대해 놀라울 정도로 명쾌하게 설명하면서 피조물의 유익의 범위와 복합성에 주목한다. 그는 양 진영에서 당연하게 받아들이는 몇몇 주요 전제들을 거부하기도 하지만, 자신이 전택설을 지지하고 있음을 분명히 했다. 바르트는 하나님의 섭리의 작정을 선택의 작정에 앞서는 것으로 다루면서, 후택설에 대해서 다음과 같이 말한다. "후택설주의자들은—구원 사역에서의 하나님의 자비와 정의에 상응

하는 것으로서—창조의 역사와 섭리에서의 하나님의 일반적 선과 능력과 지혜를 분별할 수 있다고 주장한다."[24] 바르트는 이러한 견해에 대해, 예정을 섭리의 일부로 봐야 한다고 하는 토마스 아퀴나스의 신학을 따르는 것이라고 비판한다. 이는 결국 선택에 대한 우리의 이해를 희석시킬 뿐만 아니라, 더 나아가 자연 신학을 수용하게 한다고 비판한다. 게다가 이러한 경향은 18세기 초에 개혁주의가 견지한, 계몽주의에 대한 저항력을 약화시킨다고 주장한다. "왜냐하면 이는 신학적 계몽주의로 변할 위험을 갖고 있고, 또한 붕괴의 여지를 갖고 있기 때문이다."[25]

바르트는 지식인 공동체가 계몽주의 기획의 몰락을 선언하기 수십 년 전에 이미 이러한 결과를 예견했다. 당대의 바르트의 주장과 "후기-계몽주의"의 사상을 비교해보는 것은 흥미로운 일이다. 예를 들어, 알래스데어 매킨타이어(Alasdair MacIntyre)는 개혁주의가 계몽주의 사상의 태동에 기여했다는 바르트에 주장에 동의할지도 모른다. 그러나 매킨타이어는 아주 다른 부분에서 비판을 가할 것이다. 바르트는 칼빈주의자들이 구속의 작정과 창조의 작정을 분리시킴으로써 자연 신학적 경향을 강화시켰고, 결과적으로 자율적인 이성에 더욱 귀를 기울이게 했다고 주장하는 반면에, 매킨타이어는 칼빈주의가 계몽주의를 위한 길을 예비하는 데 도움을 주었다고 불만을 표시한다. 매킨타이어의 눈에는 칼빈주의가 토마스 아퀴나스 사상의 천재성을 부인한 것이 불만이었다. 매킨타이어가 이해한 종교개혁 사상에 따르면, 우리가 하나님의 명령에 따르는 것은, 아퀴나스와 다른 사상가들이 가르쳤듯이 그런 지시들이 일반적으로 분별 가능한 인간의 존재 목적(telos)을 증진시키기 때문이 아니라, 하나님의 헤아릴 수 없는 의지에 대한 무조건적인 복종일 뿐이라고 칼빈과 그의 계승자들은 주장한다. 매킨타이어가 볼 때, 칼빈주의는 기독교 사상가들이 자율적인 이성을 강조하는 세속적인 인본주의 사상을 부인하도록 만들었고, 이는 결국 인간이 현대 허무주의에 아무런 대책 없이 "벌거벗겨진 채"(naked self) 파편적인 삶을 살도록 만들었다고 평가한다.[26]

우리가 바르트와 매킨타이어가 제안한 것 중에 어느 이야기를 선택해야 할지, 아니면 제3의 다른 대안을 생각해봐야 할지 심각하게 고려해야 한다. "포스트모던" 시대의 영적이고 도덕적인 황폐화가 진행되는 가운데, 개혁주의 사상가들은 과연 어떠한 해결 방안을 모색해야 하는가? 자연 신학의 냄새가 조금이라도 풍기면 무조건 반기를 들어야 하는가? 오늘날 만연하고 있는 상대주의에 대항하기 위해서라도 자연 신학 전통의 일부 요소를 되살려야 하는가? 이러한 질문들은 현재 벌어지고 있는 문화적 논의에 대한 개혁주의 공동체의 입장을 정립하는 데 매우 중요하다. 예를 들어 공공 정책에 관련된 문제를 입안할 때, 공적인 영역에서 기독교의 특수성을 포기할 수 없다고 주장하는 부류가 있는가 하면, 오히려 종교나 비종교 사이의 다양성을 인정하면서 공공 시민으로서의 보편성만 필요하다고 주장하는 부류가 있기 때문이다.

　이러한 문제는 우리가 해결해야 할 아주 중요한 문제이며 이에 대한 대책을 마련하기 위해서도 후택설과 전택설 사이의 논쟁을 살펴볼 필요가 있다. 예를 들어 왜 바르트는 창조의 작정과 선택의 작정을 완전하게 분리된 것으로 취급할 경우―어느 것도 상대방을 현실화하는 수단으로만 볼 수 없다는 의미로―결국 우리가 지닌 선택의 이해가 약화될 수밖에 없다고 확신했는지 살펴보는 것은 중요하다. 두 작정을 분리하는 것을 거부하는 것이 공공 영역에서 실제로 부딪히고 있는 문제들을 다룰 신학적 자원들을 애석하리만큼 축소시킬 수밖에 없다는 것을 왜 우리는 그럴듯하게 주장하지 못하는가?

　분명한 것은 칼빈이 단호하게 반대했던 중세 신학의 자연 신학 이해보다는 오늘날 개혁주의에서 자연 신학에 접근할 때는 더 신중할 필요가 있다는 것이다. 칼빈은 우리 인간에게 있는 "본성적" 종교성을 다루는 데 있어, 마치 그것이 모든 사람들의 정신적 영역에 당연히 있다는 식의 접근을 조심스레 피했다. 칼빈은 믿지 않는 사상가들도 분명 하나님에 대해 여기저기서 아주 잘 논할 수 있을지 몰라도 그들은 결국 경솔한 상상력으로 그렇게 한다고 일축했다. 칼빈은 비그리스도인 철학자들이 하나님의 목적을 깨닫는 것을 비유하면서, 마치 "한 여행객이 칠흑과 같은 어둠의 들판을 지나면서, 아주 멀리서 보이는 불빛을 아주 잠깐 보는 것과 같다. 그러나 그 불빛은 너무도 빨리 사라져 여행객은 그의 발걸음을 떼기도 전에 이내 어둠의 공포 속에 다시 들어가야 한다"[27]고 했다. 사실 빛과 어둠의 관계—최소한 그 비율의 정도 라도—에 대해 다르게 묘사하고자 하는 의견도 있겠지만, 칼빈 의 이 비유는 중요한 의미를 지닌다(사실 칼빈의 비유는 그 빛이 더 클 것이라고 말하는 기독교 사상가들을 향한 것이었다). 우리가 만일 어둠 가운데서 그것을 좋아하거나 싫어하는 것 중 단 한 가지만 선택해야 한다면, 순간 반짝인 불빛이었다고 해도 칠흑 같은 어 둠의 밤을 여행하는 경솔한 자들에게는 오랫동안 잃어버린 길을 잠시나마 떠올리게 해 주는 나침반이 될 수 있다는 관점을 좀더 진지하게 생각할 수도 있을 것이다.

바르트는 우리가 이러한 생각들에 사로잡혀 있으면 하나님 이 선택하시는 목적들에 대한 인식이 약화될 수 있다고 주장한 다. 과연 그가 옳은가? 우리가 과연 어떻게 생각하는지에 대한 대 답은 각각의 작정된 계획을 추구해가시는 하나님의 능력을 우리 가 어떻게 이해하느냐에 달렸다. 만일 하나님이 오직 영혼 구원 에 대한 뜨거운 열정 이외에 다른 일들을 행하실 수 없다면, 그 리스도인들이 그 이상의 것을 생각한다는 것은 어리석은 일이다. 그러나 만일 하나님이 각 사람을 선택하셔서 영원한 생명을 주 실 뿐만 아니라, 나아가 창조하신 세상을 그분의 섭리로 다스리 신다면, 이러한 하나님 섭리의 복합성을 논하는 우리의 신학적 논의도 하나님의 뜻을 잘 반영하고 있다고 볼 수 있다.

인간성 이해

바르트가 전통적인 후택설·전택설 논쟁에 대해 어떻게 해결책을 제시했는지 살펴보지 않고, 선택에 대한 상호의 관계에 관한 그의 견해를 비판하는 것은 공정하지 않다. 그는 구원의 선택과 유기의 대상이 "아담의 개별적인 후손"이라는 개념을 반대한다. 그는 예수 그리스도의 구원 역사를 두 인간 집단을 각각 자신의 운명에 이르게 하는 수단으로서만 봐서는 안 된다고 주장한다. 만일 우리가 전택설의 관점을 이러한 전통적 선입견과 거리를 두고서 볼 수 있다면, 우리는 비로소 예수 그리스도가 선택과 유기의 작정이 향해 있는 바로 그 대상임을 볼 수 있게 될 것이다. 하나님은 예수 그리스도안에서만 인류를 향해 "아니요와 예"(No and Yes, 유기와 선택) 두 가지 모두를 말씀하셨기 때문이다.[28] 이것은 아주 흥미로운 주장임에 틀림없다. 왜냐하면 인간의 총체적인 관심을 표현하는 데 약점을 갖고 있던 전택설을 보완해주기 때문이다. 모든 인류는 그리스도에게 주어진 "예와 아니요"에 속해 있기 때문에, 우리는 인류의 문제들은 하나님의 큰 구원의 섭리의 범위 안에 전부 들어 있다고 자유롭게 이야기할 수 있다.

바르트가 이렇게 제안한 부분에 대해 내가 꺼림칙하게 여기는 부분이 있다. 왜냐하면 바르트는 개인의 선택을 예수 그리스도의 선택에 종속시켜버리는데,[29] 이는 성경 전체의 가르침과 잘 어울리지 않기 때문이다. 내가 이렇게 지적하는 부분에 대해 여러 학자들도 세부적으로 다루고 있으며, 심지어 바르트에 적잖이 공감하는 자들도 이 부분에 대해서는 지적하고 있다.[30] 나는 여기서 바르트가 이렇게 표현하는 부분 가운데, 특별히 중요한 부분만 몇 가지 제한해서 다루고자 한다.

바르트는 크게 두 가지를 염려했다. 첫째로 그는 전통적 논쟁에서 개별 인간의 운명에 관해서 집중하는 경향을 염려했다. 둘째로 그는 후택설의 관점이 구원과 상관없이, 피조물로서의 자연적 인간성을 강조하는 것에 반대했다. 바르트는 첫 번째 문제를 논하면서, 전통적으로 전택설과 후택설 양쪽 모두에게 자연스럽게 스며든 "인간중심주의"(anthropologism)의 위협을 주목하라고 지적한다. 후택설의 약점은, 그들 스스로 창조와 섭리를 구원의 계획으로부터 분리시켰기 때문에, 이로 인해 인간은 선택과 유기의 작정과는 상관없이 그 자체로서 존엄하다고 주장하는 것이다. 그러나 바르트는 전택설이 후택설에 비해 개인주의적 고착을 더 쉽게 허용할 수 있다고 본다. 왜냐하면 전택설은 하나님의 창조와 타락의 역사 전체가 인간 개인의 영원한 운명을 위한 단 한 가지 목적을 위해서만 존재한다고 주장하기 때문이다. 따라서 후택설주의자들이 보기에는 "x와 y라는 인간 개인이, 어떤 의미에서 만물의 기준이자 중심이며, 그 어떤 것도 이를 넘어설 수 없다"[31]는 것이다. 심지어 바르트는 그동안 여러 전택설주의자들이 데카르트주의자였음은 결코 단순한 우연의 일치를 넘어서는 문제라고까지 시사했다.[32] 아마도 바르트는, 데카르트가 인간 의식을 모든 진리를 측정하는 기본 단위로 본 것과, 그리스도인들이 인간 개인의 구원을 모든 것의 기준으로 삼는 것을 나란히 묘사하고자 의도했을 것이다. 바르트에 따르면, 전통적인 전택설은 하나님을 "거룩한 자기 추구"(holy self-seeking)를 묘사할 때, 하나님이 영광을 받으시는 것은 인간의 구원을 향한 선택과 유기를 통해서만 이뤄진다고 주장하기 때문에, 그리스도인들에게 자칫 오해를 불러일으킬 수 있다고 한다. 그리스도인들이 유사한 식의 거룩한 자기 추구에 사로잡혀서 마치 하나님을 "사람을 위한 하나님"(God for man's sake)[33]으로 오해할 수 있기 때문이다.

물론 전택설을 보완할 수 있는 전략을 구성하려면, 인간 개인의 구원만 강조하는 것에 대한 위험을 인정하고 그에 대한 안전장치를 수립하면 된다. 만일 하나님이 거룩한 자기 추구에 관여하는 분이라면, 그것을 인정해야 한다. 우리의 임무는 인간이 그러한 욕구를 모방함으로써 하나님의 위치에 서려는 경향을 피하는 것이다. C. S. 루이스가 『영광의 무게』(Weight of Glory, 홍성사 역간)에서 한 개인 자신의 영광에만 집착하는 것을 피하려면 자신에게 있는 영광의 개념을 부인하기보다는 다른 이의 영광에 집중해야 한다고 썼다. 루이스는 "한 개인이 자신에게 숨겨진 영광에 대해 아주 많이 생각하는 것은 가능할지 모른다. 그러나 그가 다른 이에게 있는 영광에 대해 그렇게 자주 혹은 심각하게 생각하는 것은 거의 불가능하다. 다른 이의 영광의 무게나, 짐, 부담을 날마다 내가 지고 가야 한다. 그 짐은 너무 무거워서 오직 겸손만이 그것을 나를 수 있을 것이다."[34]

바르트가 두 번째로 염려했던, 피조된 인간이 하나님 구원과 상관없이 고유의 가치를 지닌다는 견해는 특히 후택설주의자들과 직접적으로 연관되어 있다.

후택설주의자들은 예정의 작정과 더불어 하나님의 또 다른 비밀을 알고 있는 것처럼 말한다. 적어도 이론적으로는 개인이 선택받았는지 혹은 유기되었는지와는 상관없는, "인간의 또 다른 비밀"을 알고 있다는 것이다. 그들은 인간이야말로 하나님의 피조물 가운데 가장 으뜸이며, 그렇기 때문에 하나님 앞에서 져야 할 책임이 있다고 말한다. 이러한 관점은 하나님에 대한 이해를 느슨하게 하기에 위험하고 의심스럽다.[35]

우리 중 바르트가 비판하고 있는 관점을 갖고 있는 자들은, 그가 지적하고 있는 위험성이 아주 심각하다는 것을 인식해야 하며, 이에 대한 보완책을 마련해야 한다. 그러나 동시에 피조된 인간의 고유한 가치에 대한 독특한 비밀을 포기함으로써 발생하는 위험도 지적할 필요가 있다. 나는 개인적으로, 전통적인 칼빈주의 진영 내에서 윤리와 문화에 관한 주제에 대해 가르치고 저술해오면서, 이러한 위험성에 대해서 아주 분명히 인식해왔다. 그 중 내 관심을 끌고 있는 아주 분명한 주제를 꼽자면, 전통적인 "정당한 전쟁론"(Just War)이다. 나는 이를 오늘날의 폭력적인 삶의 환경에 어떻게 적용할 것인지 오랫동안 고민해왔다. 표면상으로는 전통적 칼빈주의자들이 다루기 어려운 문제가 아니다. 칼빈 자신이 "정당한 전쟁론"에 대해서 일관된 입장을 밝혔으며, 그 중 몇몇 논리는 놀랍도록 명확하게 정리되어 있기 때문이다. 예를 들어 칼빈은 『기독교 강요』에서 행정관들이 강제력을 사용할 때 스스로를 잘 돌아보라고 간구하고 있다. "엄청난 분노나 증오심, 무자비할 정도의 가혹함에 사로잡히지 않도록" 하는 등 이러한 부정적인 감정에 의해 행동이 지배되지 않도록 주의할 것을 주문한다. 더 나아가 칼빈은 아우구스티누스를 인용하면서 행정관들은 "특별한 범죄에 대한 벌을 주면서도, 인간의 공통적 본성에 대한 동정심을 가져야만 한다"고 주장했다.[36]

칼빈주의자들에게는 이러한 예제가 정당한 전쟁을 논하는 데 주요한 텍스트가 되어왔으나, 전통적인 개혁주의 그리스도인들은 이러한 칼빈의 요점을 대할 때 당황스러워하기도 했다. 왜냐하면 이러한 정당한 전쟁에 관한 부분이 칼빈의 다른 가르침과 어떻게 균형을 이룰 수 있는지 의문시되었기 때문이다. 결국 모든 인류는 선택받은 자들과 버림받은 자들로 구분되지 않는가? 그렇다면 하나님이 인간의 두 부류를 다르게 보시고, 결국 (공통적이지 않은) 다른 방향으로 이끌어가시는데, 굳이 우리는 왜 "공통적 본성에 대한 동정심"을 가져야 하는가?

이러한 염려들에 대해 우리가 대답할 수 있는 한 가지 방법은 고전적인 전택설의 범주 내에서 설명하는 것이다. 우리는 하나님이 아닌 창조된 인간으로서 누가 선택받은 자이고 버림받고 유기된 자인지 전혀 알 수 없다는 것이다. 적어도 전택설의 입장에서는 우리 인간의 유한성을 인식하고 이 문제에 접근해야 함을 알 수 있다. 복수나 형벌은 하나님께 속한 것이다. 결국 우리가 할 수 있는 것은 우리 눈에는 분명히 버림받은 자와 같이 보인다 할지라도, 우리는 잠정적으로 그 사람을 하나님의 선택을 받은 자로 여기고 대하는 것이다. 그러나 이 견해는 논리적이기는 하나 윤리적으로는 납득이 잘 가지 않는다. 왜냐하면 이 견해는 우리가 선한 의지를 가져야 하는 이유가 단지 상대방이 버림받았는지 확실히 알 수 없기 때문이라고 말하기 때문이다. 이 견해의 이면에는 만일 우리가 누가 버림받았는지 분명히 알 수만 있다면, 그들을 영원한 형벌 전에 잠시 집행유예의 삶을 사는 것뿐이라고 여길 좋은 구실이 될 수 있기 때문이다.

이에 반해 바르트가 수정한 전택설의 관점에서는 우리가 대적들에 대해 좀더 긍정적으로 평가할 수 있도록 길을 열어주고 있다. 바르트에 따르면, 하나님은 예수 그리스도 안에서 우리 적들에게 "아니요"와 "예"를 선언하셨기 때문에, 우리가 그들을 선택과 유기라는 기준으로(좋은 전택설의 관점에서) 보면서도, 동시에 "인간의 공통적 본성"을 전제해야 한다는 칼빈의 관점을 여전히 견지할 수 있다. 그러나 바르트가 수정한 견해에 동의할 수 없다면 도르트 신조가 언급한 것처럼 창조된 보편적인 인간성을 논하는 것이 유일한 대안이다. 도르트 신조는 하나님의 계획 가운데 있는 "전체 인류"의 상태는 오직 구원의 유일한 관점으로만 지배되는 것이 아니라고 말한다. 적어도 나는 이러한 관점이 전쟁과 평화에 관한 문제나 다른 인간사에서 시급한 문제에서 개혁주의적인 관점을 전개하는 데 매우 유용하고 필요하다고 생각한다.

사회적 구현

후택설과 전택설의 차이점을 논하는 주석가들은 양쪽 견해 모두 상대방의 견해에 서로 아주 중요한 점들을 지적해주고 있다고 말한다. 나도 같은 입장을 갖고 있다. 나는 분명 후택설주의자들이 이해하는 하나님과 그 하나님이 창조하신 세계를 다루시는 바에 깊이 공감하면서도, 신앙적으로는 전택설주의자들이 묘사한 하나님의 구원 계획에 대해 씨름하는 것이 아주 유익하다고 확신한다. 나는 칼빈주의자로서 내 개인적 도덕과 취향에 따라 전택설의 관점의 엄연한 묘사들을 거부해서는 안 됨을 잘 알고 있다.

벨덴 레인(Belden Lane)은 최근 출간한 책에서, 광야와 관련된 영성의 여러 종류에 대해 다루면서, 존 업다이크(John Updike)의 소설 『한 달간의 일요일』(A month of Sundays)에서 신앙을 잃은 교구 목사가 신학에 대해 불평을 토로하는 부분을 인용하고 있다.

자아 실현을 최고의 목표로 삼는 시대의 요구에 맞춰, 심리학적인 맞춤 주제들을 제공하려는 "맛이 간 신학"에 신물이 난 토마스 마쉬필드 목사는 다음과 같이 간곡히 호소한다. "제 구실을 못하는 신학은 뚜껑을 덮어서 나오지 못하게 해야 합니다." 레인은 이러한 신학이 발아되는 것에서 뭔가 부정적인 힘을 발견했음에 틀림없다. "그저 직설적이고 교양 없는 코네티컷 출신 칼빈주의자의 격분이 왜 우리 안에서 선지자의 외침이 되어 울리는가? 인간 개인의 무한한 가능성을 강조하는 사회 속에서 우리를 사로잡은 옹졸한 자기중심주의를 넘어 측량할 수 없는 하나님을 대면한다는 것은 이상하리만치 신선하게 다가왔다."[37]

레인의 개인적인 고백 속에는 지금껏 내가 논의해온 나의 신학적인 성향이 잘 드러나 있다. 그러나 여전히 내 관심을 끄는 것은 후택설과 전택설의 입장이 어떻게 사회적으로 구현될 수 있는가에 대한 것이다. 알래스데어 매킨타이어는 흥미롭게도, "모든 도덕 철학은 성격상 하나의 사회학을 전제하고 있으며, 따라서 어떠한 도덕 철학이든 그것이 사회적으로 어떻게 구현되었는지를 알기 전까지는 우리가 확실하게 받아들일 수 없다"고 말했다.[38] 이와 비슷한 맥락에서 모든 신학 체계 또한 그와 관련된 사회 현상을 수반한다. 따라서 하나의 신학적인 관점을 충분히 이해하려면 그 신학적 관점이 공동체의 삶에서 어떻게 구현되었는지를 살펴보아야 한다. 이러한 신학과 사회적 구현의 연결 고리는 어떤 신학적인 입장이라도 조심스럽게 그 적절성을 가늠해볼 수 있는 좋은 평가 기준이 될 수 있다. 어떤 설교를 하는가? 영적 성장은 어떤 형태를 띠는가? 교회는 어떤 방식으로 결정을 내리는가? 부부는 서로를 어떻게 대하고, 자녀들을 어떻게 양육하는가? 그리고 공동체가 복음이나 상담, 교리에 대해 어떻게 다가가는가? 교회 구성원들이 세상에서 일어나는 시급한 인간 문제에 대해 어떤 입장을 보이는가? 마지막 질문과 관련해서, 나는 사고의 폭을 넓혀서 상상의 날개를 펴본다. 유명한 스탠퍼드 대학교 같은 곳에서 국제 경제학 교수직을 시어도어 크렙스 이름으로 만들고, 그 자리는 꼭 후택설을 지지하는 사람만 임명될 수 있도록 하면 어떨까?

제5장 공동선의 추구

:: 일반 은총의 역할

Seeking the Common Good

1992년에 나는 그리스도인들의 사회 교양(Christian Civility)에 관한 주제로 책을 썼다.[1] 무례한 세상 속에서 그리스도인들의 말이나 행동, 태도마저 무례하면, 이는 문제를 더 심각하게 만드는 결과를 초래할 수 있기 때문이다. 이 불행한 시대 가운데 조금이나마 도움이 되고자, 기독교 교양에 대한 성경적인 근거들을 개괄적이나마 제시했다. 몇몇 주요한 성경적인 주제를 통해 그리스도인들에게, 특별히 복음주의 그리스도인들에게, 교양을 겸비하고 길러야 하는 이유를 제시하고 싶었다. 이러한 근거를 여기서 자세히 반복하지는 않겠지만 기본적인 핵심에 대해 간략하게 언급하고자 한다. 이를 통해 칼빈주의 사상 가운데 포괄적으로 고려해야 할 사항들을 좀더 구체적인 신앙고백적 주제들로 연결하는 데 도움을 줄 수 있기 때문이다.

두 가지 원리

그리스도인들의 교양에 대한 논의를 시작하려면 우선 두 가지 중요한 기본 원리를 설정해야 한다. 첫째, 그리스도인들이라면, 하나님의 주권적인 섭리 가운데, 자신들이 몸담고 있는 일반 사회의 행복을 위해 적극적으로 노력해야 한다. 둘째, 성화된 삶은 결국 사회 속에서 구체적인 태도와 행동으로 나타나야 하며, 이는 결국 그리스도인으로서 건강한 사회를 만들려는 노력으로 나타난다.

내가 이해하는 바로는 성경은 이 두 원리에 대해 탄탄한 근거를 제시하고 있다. 특히 베드로전서 2:11-17은 이 두 원리 모두에 대해 풍부하게 설명해주고 있다. 베드로 사도는 믿는 자들에게 "인간의 모든 제도에 주를 위하여 순종하라"고 말하면서, 동시에 "이방인 중에서 행실을 선하게 가지라"고 간구한다(12-13절). 그러나 믿는 자들이 선한 행실을 가져야 할 책임이 있다고 해서 일반 사회 구성원 전체를 기쁘게 하기 위해서 무엇이든 해야 한다는 의미는 결코 아니다. 분명 사회의 다른 구성원들은 믿는 자들이 "악행한다고 비방할" 수도 있다. 중요한 것은 믿는 자들의 선한 행실을 통해, 믿지 않는 자들이 "너희 선한 일을 보고 (주님이 심판하러) 오시는 날에 하나님께 영광을 돌리게"(12절) 하는 것이다.

베드로는 이렇게 권면하는 배경을 알려주기 위해, 이 편지를 시작하면서 신약 시대의 특정한 공동체인, "흩어진 나그네"(1:1)에게 문안한다고 언급하면서, 2:11에서 믿는 자들을 "나그네와 행인"으로 반복해서 부르며 이를 암시한다. 이는 2:9에 있는 구약성경의 이스라엘을 지칭하는 네 개의 명칭(택한 족속, 왕 같은 제사장, 거룩한 나라, 하나님의 소유된 백성)과 연결되어, 한층 강화된 모티브가 된다. 이 연결을 통해 예레미야 29장에서 하나님이 흩어진 이스라엘 백성에게 주셨던 가르침과 동일한 가르침을 신약 백성이 받고 있음을 밝히고 있다. 예루살렘에서 하나님 율법의 통치를 받았던 백성들은 그곳과는 전혀 다른 바벨론이라는 곳에서는 어떤 법을 따라야 할지 모르고 있었다. 이에 선지자들은 타국에서 어떻게 살아야 하는지를 일러주는 새로운 가르침을 전했다. 그들은 이제 그들 스스로 거주지를 세우고 농작물도 재배하며(5절), 결혼을 하여 그 땅에서 그들의 수가 번성하도록 자녀를 많이 낳으며 아들과 딸들도 그리할 것을 가르쳤다(6절). 그리고 아주 중요한 명령을 한다. "너희는 내가 사로잡혀 가게 한 그 성읍의 평안(Shalom)을 구하고 그를 위하여 여호와께 기도하라 이는 그 성읍이 평안(Shalom)함으로 너희도 평안(Shalom)할 것임이라"(7절).

물론 이스라엘의 자녀라면 무엇보다도 하나님의 선택된 백성으로서 자신들만의 정체성을 강하게 인식하고 유지해야 한다. 이와 마찬가지로 그리스도 안에서 새 이스라엘이 된 자들도 동일하게 정체성을 분명히 해야 한다. 베드로 사도는 흩어진 기독교 공동체에게 반드시, "영혼을 거슬려 싸우는 육체의 정욕을 제어하라"(2:11)고 강조했다. 이를 2:17에서 새로운 이스라엘 백성의 네 가지 의무로 나누면서 이 정체성을 강조하기 위해 사용한 동사들은 주목할 만하다. 그는 무엇보다 "하나님을 두려워하며"(phobeo), "믿음의 형제들을 사랑하며"(agapao)와 더불어, 황제와 일반 사회 사람들에게 관련하여 말할 때는 두 번이나 "존대하라"(timao)를 사용했다.

다른 사람들의 행복과 관련된 이 "존대하라"라는 동사는 그리스도인들의 교양에서 핵심이라 할 수 있다. 베드로는 이 본문 이후에도 다른 형식이지만, 이와 같은 동일한 핵심 사항을 우리에게 권면하고 있다. "너희 속에 있는 소망에 관한 이유를 묻는 자에게는 대답할 것을 항상 준비하라"고 말하면서, 이를 행할 때에 "온유와 두려움으로 하라"고 권면한다(3:15-16).

나는 나의 책에서 이러한 권면을 다소 비약적으로 "하나님을 본받는 것"(Imitatio Dei)과 연결하는 작업을 시도했다. 온유와 두려움으로 모든 사람을 대하고, 그들을 존대하는 것은 결국 하나님의 성품을 닮아가는 것이라고 주장했다. 내가 이렇게 말한 것이 한 사람의 칼빈주의자로서 너무 빠르게 신학적 경계를 넘고 있는 것은 아닌지 주의하고 있었다. 그러나 나는 성경에서 말하는 하나님의 성품 가운데 엄격한 면도 있음을 부인하려고 이렇게 말한 것이 아니다. 하나님의 주권적인 역사와 거룩하심, 능력과 분노하심과 같은 것들은 아주 실제적이며, 나는 결코 성경이 말씀하는 하나님의 성품을 우리의 눈높이로 끌어내리고 싶지 않았다.[2] 그러나 나는 신속하게, 하나님이 인간을 다루시는 데 있어서 참고 기다리시는 온유한 성품을 강조하는 부분으로 넘어갔다.

이러한 맥락에서 나는 이 주제에 관해 칼빈주의자로서의 입장을 적어도 두 가지를 언급하고 싶다. 한 가지는 단순히 칼빈주의적인 신앙고백의 일관성에 대한 이유 때문이다. 그리스도인의 사회 교양에 대해 내가 취하고 있는 입장이, 전체적으로 칼빈주의 사상에 근거한다는 것을 보이고 싶다. 다른 하나는 교회일치주의(ecumenism)와 관련 있다. 현재 교회일치 운동이 중요한 이슈로 대두되는 시점에서 칼빈주의자라면 이러한 논의에도 신학적으로 기여를 해야 한다고 생각하기 때문이다. 분명 칼빈주의자로서 일반 은총 논쟁과 같이 우리 칼빈주의 내부 진영에서만 논의됐던 다양한 쟁점들을 공적인 영역에서 나누는 것이 시대적으로 바람직하다고 확신한다.

금욕의 맹세?

우리가 주님이 나그네로 살아가도록 보내신 일반 사회의 영역에서, 평화와 공동선을 추구할 의무가 있다는 것을 어떻게—특히 칼빈주의자의 입장에서—이해해야 할 것인가? 일부 칼빈주의자들은 공동선을 적극적으로 추구하는 것을 반대해왔다. 세상 문화로부터 경건을 위해 한 발짝 물러서는 것이 그리스도인 공동체가 지켜야 할 규범이라고 생각했기 때문이라기보다는, 너무도 죄악된 세상에서 그리스도인 공동체가 살아남는 유일한 방법은 세상과 단절하는 자발적인 금욕뿐이라고 생각했기 때문이다. 이러한 입장은 클라스 스킬더(Klass Schilder)가 주장했는데, 그는 분명 칼빈주의 전통이 문화 명령을 강조한다는 것을 분명히 아는 사람이었다. 심지어 스킬더는 그리스도인들의 문화적인 금욕주의에 대해 부정적으로 언급하기도 했다. 특별히 그 금욕이라는 것이 적개심이나, 게으름, 수줍음, 태만, 좁은 식견에서 비롯될 때, 이 금욕은 분명 하나님 앞에서 죄라는 것을 분명히 했다. 그러나 이러한 금욕 외에 "영웅적 금욕"이 존재하고, 이것이 바로 우리가 따라야 할 것이라고 주장한다. 그러나 이러한 종류의 문화적인 금욕은 "그리스도인들이 자신들의 공동체를 유지하고, 선교사들을 돕고, 가난한 자들을 돌보는 등 예수님이 그들에게 맡기신 거룩한 영역에서의 많은 일들을 하는 데 효과적"이기는 하나, 카이퍼나 다른 사상가들이 강조하는 일반 영역에서 드러나는 문화 변혁의 성과까지는 기대할 수 없다. 이 금욕주의는 일반 문화 영역에서의 문화 명령을 부인하지는 않지만 "현재의 위기 상황을 고려하여"[3] 그 한계와 적절성을 논의해야 한다는 것이다. 그는 마태복음 19:12에서 예수님이 "천국을 위하여 스스로 된 고자"에 대해 말씀하신 부분을 그 근거로 삼는다. 이렇게 스스로 제한하는 방식은 단순한 반문화 활동이 아니라, 우리가 실행할 수 있는 문화적 활동의 영역을 제한하는 것뿐이다.

　　문화 참여에 대한 이러한 "금욕 서약" 접근법에 덧붙일 말이 있다. 교회 공동체의 내부적 강화를 위해 겸손한 자세로 순종하는 것은 문화적인 신실함을 보여주는 데 중요하다는 스킬더의 주장은 일견 타당하다. 교회 공동체가 세상 속에서 실천할 수 있는 중요한 문화적인 과업 중 하나는, 단순히 그저 공동체로서 이 세상 속에서 존재하는 것이다. 함께 사람들이 모여 교제하는 공동체로서, 일반 사회 속에서 신실함을 보여줄 수 있는 하나의 표징만 되면 된다는 것이다. 이에 스킬더는, 교회의 현명한 장로가 그에게 맡겨진 교인들을 성실하게 심방하는 것도 "그 자신은 인식할 수 없을지라도, 문화적인 영향력(cultural force)을 지닌다"[4]고 주장한다. 아마도 이러한 문화적인 활동을 교회 내부로 제한하는 일은 일부 칼빈주의 공동체나 소수의 재세례파 공동체에게만 가능할 것이다(왜냐하면 대부분의 재세례파들은 스킬더가 말한 대로 하지 않을 것이라 생각하기 때문이다). 하나님이 각각의 개인들을 모두 다르게 부르신 것과 같이, 교회 공동체들도 그렇게 다르게 부르셨다. 예를 들어 다양하게 나뉜 교단들에 대해 긍정적으로 평가할 수 있는 한 가지 방법은 각각의 교단마다 하나님이 다른 문화적 사명과 다른 영적인 감각을 주셨다고 보는 것이다. 스킬더가 말하는 "천국을 위하여 스스로 된 고자"의 이미지는 이것을 이해하는 데 아주 적절하다고 할 수 있다. 한 기독교 공동체가 절제하고 금욕하려고 선언하는 바를 다른 기독교 공동체에서는 적극적으로 추구할 수 있다는 것이다.

물론 스킬더는 여기에 만족하지 못하고 모든 기독교 교회들이 문화적인 금욕주의를 선언해야 한다고 촉구할 것이다. 그러나 모든 교회에 **일률적으로** 적용을 해야 한다는 주장에는 비판의 여지가 많다. 이렇게 문화적인 금욕주의를 요구하는 현 시대에 우리들이 처한 환경이 어떤가 묻지 않을 수 없다. 분명한 것은 구약 시대에 우리 주님은 그분의 백성을 바벨론이라는 세속 사회 속에 처하도록 허락하셨고, 그 사회의 공익을 증진시키기 위해 노력하도록 명령하셨다는 것이다. 그 당시를 오늘날과 비교한다면, 그때의 문화적인 긴박함이 덜했다고 할 수 있을까? 그렇다면 우리 모두에게 "문화적인 고자"가 되도록 요구하는 현 시대는, 그때와 비교했을 때 무엇이 그리 다르단 말인가? 예를 들어 스킬더가 나치를 피해 몇 개월 동안 은둔해 지냈던 전쟁의 경험들을 통해, 아마도 "위기 상황"이라는 심각성을 갖게 되었을 수도 있다. 그러나 그가 주장하는 바를 현재의 문화적인 상황 가운데 있는 기독교 전체에 적용하거나, 그렇지 않으면 칼빈주의 공동체 전체에 적용해야 한다고 하는 주장은 납득하기가 어렵다.

일반 은총의 실행자들

문화적 금욕을 하도록 부르심을 받았다고 느끼지 않는 자들은, 내가 앞 장에서 소개한 "일반 은총의 사역"의 개념을 이해하는 것이 아주 중요하다. 일반 은총 가르침에 대한 정형화된 틀 때문에, 일반 그리스도인들은 안타깝게도 일반 은총의 개념에서 그리스도인의 수동성에 대한 이미지를 먼저 떠올린다. 왜냐하면 일반 은총은 하나님과 믿지 않는 자들 사이를 연결해주는 연결고리일 뿐, 기독교 공동체가 사회 속에서 적극적으로 선한 일을 하도록 권면하고 있는 것처럼 보이지 않기 때문이다. 말 그대로 일반 은총일 뿐이라는 것이다.

1924년 미국 네덜란드개혁교단(CRC)에서 공표한 세 가지 범주는 문화적인 수동성을 조장하는 것처럼 보인다. 이 범주들은 그리스도인들이 마치 세상 사회를 관망하는 관찰자인 것처럼 묘사하고 있다. 물론 우리는 믿는 자나 믿지 않는 자에게 공통적으로 주어진 햇빛과 비와 같은 자연적인 축복에 관해서는 수동적일 수밖에 없다. 그러나 그 외의 두 번째와 세 번째 범주는 다르다. 우리는 그저 뒤로 물러서서 하나님이 세상에서 죄를 어떻게 억제하시는지만 관찰하고 있거나, 아니면 그저 믿지 않는 자들 가운데 여기저기서 사회적 정의가 일어나기만을 바라고 있어서도 안 된다. 반드시 우리도 하나님이 인간 세상 속에서 죄의 능력을 억제하시기 위해 우리를 사용하실 방법을 찾아봐야 하며, 동시에 우리의 노력으로도 사회적인 선을 행할 수 있는 방법을 간구해야 한다. 행정관의 직무에 대한 칼빈의 견해는 이러한 적극적인 태도에 대한 필요성을 잘 보여주고 있다. 그는, "공적으로 다스리는 행정당국(civil authority)은 하나님이 세우신 권위임을 누구도 의심해서는 안 된다. 이 직무는 하나님 앞에서 거룩하고 합법적일 뿐만 아니라, 결국 죽을 수밖에 없는 인간의 모든 삶과 전체 일들 가운데 가장 신성하고 영광스러운 일임에 틀림없다.”[5] 재세례파와는 달리 칼빈은 그리스도인들 각자가 이러한 신성한 직무를 수행할 수 있다고 확신했다.

그러나 일반 은총 사역의 영역은 정치에만 국한되지 않는다. 카이퍼는 그리스도인들의 책임이 미치는 범위를 더욱 확장하여, **"인간 사회의 모든 영역에서, 우리 그리스도인들이 더 고상하고 순수한 사회적인 선을 이루기 위해 적극적인 노력을 기울여야 한다"**고 강조했다.[6] 그리스도인 심리학자는 믿지 않는 내담자를 최선을 다해 대하고, 세상 일반 대학에서 가르치는 그리스도인 문학 교수는 소설이 드러내는 성실과 진실성의 미덕을 더욱 강조하고, 그리스도인 사업가는 직원들을 섬김의 자세로 대하고, 그리스도인 농부는 하나님의 창조 섭리를 존중해서 자연친화적인 농법을 사용하는 이 모든 일들이 결국 일반 은총과 연관된 선(goodness)을 증진시키는 일이다. 어떻게 믿지 않는 사람들이 인류에 공헌하는 일을 할 수 있는지에 관심을 집중시키기보다는, 우리 그리스도인들이 우리의 의로운 삶을 통해 믿지 않는 자들의 삶에 영향을 미칠 수 있을지를 고민하며 하나님이 우리에게 주신 일반 은총을 활용할 방안을 모색해야 한다.

물론 이러한 행위들이 일반 은총과는 전혀 관련이 없다고도 생각할 수 있다. 예를 들어 우리가 그리스도인들은 가난의 원인을 해결해야 할 책임이 있다고 주장한다고 가정해보자. 가난한 자들의 범주는 스킬더가 문화적 금욕주의를 변호하기 위해 언급한, 그리스도인이자 가난에 처한 자들뿐만 아니라 일반적으로 가난한 사람 모두를 포함한다. 누군가는 그렇게 하는 것이 단순히 **하나님의 명령**이기 때문에 우리가 해야 한다고 주장할 것이다. 또 누군가는 더 나아가 순수하게 구원의 이유 때문이라고 할 것이다. 왜냐하면 하나님이 가난한 자들을 도우라고 하는 것은 가난한 자들 가운데 선택받은 자들과 선택받지 않은 자들이 섞여 있고 우리 인간은 그들을 분별할 수 없기 때문에, 우리가 가난한 자를 위해 노력을 기울이면 결국은 하나님이 "**정말 소중히 여기시는**" 선택받은 가난한 자들도 혜택을 받을 것이기 때문이라는 것이다. 이러한 설명은 전택설 진영에서 정치적 행동주의를 위한 근거로 활용될 수 있을 것이다. 이러한 견해는 내가 갖고 있는 견해와는 다르다. 그렇지만 칼빈주의자로서 가난한 자를 보호하기 위해서라면, 어떤 견해라도 받아들여야 하지 않을까!

그럼에도 불구하고 나는 이러한 관점이 신학적으로 충분히 근거가 있다고 생각하지 않는다. 왜냐하면 이 관점에 따르면 우리 그리스도인들은 믿지 않는 가난한 자들을 돌봐야 할 하등의 책임도 없기 때문이다. 그러나 나는 세상의 모든 가난한 자들을 돌보도록 하나님이 우리를 부르셨다고 믿는다. 더 나아가 그렇게 돌보는 일들을 통해, 하나님이 가난한 자들을 어떻게 여기시는지 알게 되어 우리가 **하나님의 성품**을 닮아갈 수 있을 것이라고 확신한다. 가난에 대한 올바른 신학을 가지려면, 더 넓게는 정의에 대한 올바른 신학을 세우려면, 일반 은총과 필연적으로 연결될 수밖에 없다. 일반 은총이 가르치는 바는 하나님이 선택받지 않은 자들에게도 구원의 은혜는 아닐지라도 적극적인 사랑을 베풀고 계시고, 우리에게는 우리의 영혼 속에서 그러한 사랑을 양성하기를 원하신다는 것이다.

칼빈주의자의 공감

물론 일반 은총에 반대하는 자들은 이 모든 설명이 하나님이 의도하시는 바를 매우 잘못 이해하고 있다고 주장할 것이다. 헤르만 혹세마는 선택받지 않은 모든 이들이 하나님의 적일 뿐만 아니라, 하나님은 "예수 그리스도 안에서 선택한 사람들을 제외하고는, 모든 적들을 미워하시고 파멸시킬 계획을 갖고 계신다"[7]라고 말한다. 그러나 이는 예수님의 다음과 같은 명령과 어울리지 않는 것처럼 보인다. "오직 너희는 원수를 사랑하고 선대하며 아무것도 바라지 말고 꾸어주라.…그는 은혜를 모르는 자와 악한 자에게도 인자하시니라"(눅 6:35). 예수님이 우리를 저주하고 학대하는 사람들을 언급하실 때, 이들을 배타적으로 **그리스도인들**로 구성된 적들로 여기셨는가? 결코 그렇게 보이지 않는다. 어떤 사건에서도 칼빈은 우리를 괴롭히는 적들을 제한적으로 이해하지 않았다. 그는 기록하기를, "행정관이 전쟁을 계획할 때는, 엄청난 분노나 증오심, 무자비할 정도의 가혹함에 사로잡히지 않도록 대단한 주의를 기울여야 할 뿐 아니라, 더 나아가 특별한 범죄에 대한 벌을 주면서도 인간의 공통적 본성에 대한 동정심을 가져야 한다."[8]

만약 이 "인간의 공통적 본성에 대한 동정심"이 "무장 강도" 같은 악인들을 향해서도 지녀야 하는 올바른 태도라면, 오늘날 다양한 형태의 억압 속에 희생되는 자들을 향해서는 더 많은 호의를 베풀어야 하지 않을까? 제2차 바티칸 공의회의 주교들은 이 문제를 잘 다룬 것 같다. 「현대 교회의 사목 헌장」[Pastoral Constitution on the Church in the Modern World (*Gaudium et Spes*)]은 이런 말로 시작한다. "기쁨과 희망, 슬픔과 번뇌, 특히 현대의 가난한 이들과 고통에 신음하는 모든 사람들의 기쁨과 희망, 슬픔과 번뇌는 바로 그리스도를 따르는 신자들의 기쁨과 희망이며 슬픔과 번뇌다."[9]

우리는 칼빈주의자로서 우리 스스로가 이러한 공감 가운데 행동하도록 끊임없이 노력해야 한다. 믿지 않는 부부가 함께 새롭게 화해를 이루는 모습에 그리스도인 상담 치료사가 함께 울어주는 것은 옳은 일이다. 내가 이전 장에서 묘사한 말할 수 없이 잔인한 경험을 한 이슬람교 어머니의 비극에 대해 우리는 몸서리치며 분노해야 한다. 그러나 우리는 수동적인 태도로 그러한 정서적인 반응이 일어나기만을 기다려서는 안 된다. 우리는 적극적으로 선택과 유기 여부에 상관없이, 우리 주변 사람들에게 일어난 일에 "기쁨과 희망"은 더욱 **촉진**시키고 "슬픔과 번뇌"를 **줄여**가도록 힘써야 한다.

"중층적" 담론와 "평이한" 담론

일반 사회의 복지와 평화를 적극적으로 증진시키기 위해서, 우리는 공적인 영역에서도 인간의 죄를 억제할 수 있는 정책이나 제도를 주장해야 하고, 더 나아가 사회 정의에 긍정적으로 기여할 방안을 모색해야 한다. 특별히 이러한 문제를 논의하는 데 공통성(commonalities)의 문제는 매우 중요할 수밖에 없다. 우리 그리스도인들이 사회적인 삶의 문제에 관해 다른 사람들에게 말할 때, 어떤 형식의 언어를 사용해야 하는가? 우리만 쓰는 신앙고백적인 "중층적 담론"(thick discourse, 두터운 담론)을 써서, 오해를 받거나 무시당할 위험을 감수할 것인가? 그렇지 않으면, 우리 사이에만 사용하는 용어를 칼빈주의나 기독교 용어가 아닌, 공적 담론에서 통용되는 "평이한"(thin, 얇은) 용어로 전환해서, 신학적인 배경이 없는 자들도 우리가 공적으로 제안하는 방안에 대해서 듣고 납득이 가게 하는 것이 좋을까?

앞서 논한 일부 "후기 자유주의" 주류 개신교 사상가들은 그리스도인들이 "평이한" 방식으로 공적 담화에 참여하는 것에 대해 상당히 비판적이었다. 그중 한 사람이 스탠리 하우어워스(Stanley Hauerwas)인데, 그는 기독교의 윤리가 반드시 세상과 다른 교회 공동체의 제도에 근거해야 하며, 따라서 교회에서 말하는 도덕적인 대화는 일반 사회의 그것과는 전적으로 다를 수밖에 없다고 주장한다. 이러한 그의 관점이 다음의 책 제목에 잘 반영되어 있다. 『기독교 세계 그 이후? 만약 자유와 정의 그리고 기독교 국가가 잘못된 개념이라면 교회는 어떻게 행동할 것인가』(*After Christendom? How the Church Is to Behave If Freedom, Justice, and a Christian Nation Are Bad Ideas*). 그렇다고 해서 하우어워스가 사회 정의의 개념을 부인하는 것은 아니다. 그러나 그가 염려하는 것은 기독교가 사회와 공통된 도덕적인 담론을 시작함으로써 우리의 신앙이 타락한 세상의 질서를 따르는 사회와 타협하게 되는 것이다.[10]

공공 정책 분야에서 미국 주교들의 핵심 고문이었던 가톨릭 윤리학자 브라이언 헤히르(Bryan Hehir)는 이 관점에 대해 좀 더 미묘한 부분을 말해왔다. 그는 자신이 자연법 전통에 깊이 영향을 받아온 것을 인정하면서 오랫동안 "교회가 공식적으로 외부에 발언을 할 경우 교회는 외부 사람들이 이해할 수 있는 언어를 사용해야 한다"고 전제해왔다. 그러나 그는 여전히 이러한 전제를 고수하면서도, 동시에 이에 대한 한계를 인정하는 데 이르렀다. "1990년대 주요 사회 정책에 관련된 논의를 조사하면서 일반 윤리가 가진 한계를 보고 놀라지 않을 수 없었다. 다시 말해 순수한 일반 윤리만으로는 공공 정책에 관한 논쟁이나 결정 사항들의 근본 원인을 제대로 파악할 수 없다는 문제가 있다." 그는 오늘날 우리가 당면한 사회적인 문제에 대해 정면으로 맞서려면 "도덕 이전의 신념에 대해서 주목해야 한다"고 믿었다. 그리고 그는 이러한 문제에 접근하는 것에 대해, 우리에게 "비교적 유리한 점은 기독교 공동체가 공유하고 있는 신학적인 진리 체계가 이미 있고, 이는 내재된 신념으로서 공적인 담화에 내어놓아도 충분히 풀어 설명할 수 있는 체계가 있다는 것이다"라고 말했다. 헤히르는 이것이 실질적으로 의미하는 바는 우리가 "법이나 정책에 관해 사회에 우리의 입장을 표명할 때", 우리가 사용하는 신학적인 언어가 너무 제한적이라는 것이다. "따라서 우리가 공공 정책에 관한 입장을 말하기에 앞서, 그러한 정책의 입안 배경이 되는 근본적인 문제에 대해 우리가 일반 세상 사회에 도전을 줄 수 있어야 한다. 어쩌면 이로 인해 신학적인 문제가 표면에 떠오를 수도 있을 것이다. 왜냐하면 그러한 문제들은 사회와 인간 공동체로서 우리의 기본적 관계성에 관한 것이기 때문이다."[11]

칼빈주의자의 혼란

헤히르는 기독교 공동체가 일반 사회에서 감당해야 할 역할에 대하여 성육신을 신학적인 원리를 이용한 가톨릭적인 방식으로 잘 설명하고 있다. 하나님은 인간의 역사 가운데 예수 그리스도의 인격 속에서 나타나셨을 뿐만 아니라, 이 성육신 사건은 "시간과 공간"으로 확장되었고, 그래서 하나님은 계속해서 인간의 실제적인 삶을 어루만지시고 변혁시켜가신다. 이는 곧 하나님이 인간을 다루어가시는 하나의 과정이며 교회는 실제 역사 속에서 "그리스도의 변혁적인 은혜를 전하는 증인의 역할을 감당해야 한다"[12]는 것이다.

이러한 논지는 칼빈주의자들이 강조하려는 요지와는 다르다. 개혁주의적인 관점에서는 성육신 사건이 그렇게까지 확장되지는 않는다. 하이델베르크 요리문답은 "그리스도는 그의 인성으로는 더 이상 세상에 계시지 않는다"라고 표명한다. 왜냐하면 주님은 승천하신 주님으로서 우리 인간의 몸도 하늘로 올리실 것이고, 그리고 이제 그 주님은 하늘에서 "하나님으로서 권능과 은혜와 성령으로 이 땅의 모든 것을 통치하시기 때문이다."[13] 따라서 우리도 헤히르처럼 인간 조건의 근본적인 질문에 대하여 동료 시민들과 말하고자 하지만, 우리의 동기는 인간성의 성육신적인 변화가 교회라는 범주를 벗어나서 일어난다고 생각하는 것에 있지 않다. 대신에 우리는 인간 세상이 타락의 저주 아래서 여전히 신음하고 있음을 상기한다. 다시 강조하자면 일반 사회가 우리의 부단한 노력으로 인해 질적으로 향상되었다고 해서, 인류가 복음을 받아들이기에 더 좋은 상태로 변했다고 가정해서는 안 된다. 우리는 우리의 첫 조상이 반항스럽게 외친 "우리는 신과 같은 존재야!"(We shall be as gods!)라는 메아리가 여전히 우리 주위에 가득 울려 퍼지는 것을 인식하고 신중하게 접근해야 한다. 그러나 또한 우리는 통치자이신 주님의 성령이 이 땅 가운데 역사하고 계셔서, 이 땅에서 구원받은 민족과 나라를 불러 모으실 뿐만 아니라, 인간의 간악한 죄악에도 불구하고 이 땅 가운데 알 수 없는 신비로운 방법으로 죄를 억제하고 계신다는 일반 은총 신학의 중요한 가르침도 잘 인식하고 있다. 때로는 우리가 생각지도 못한 곳에서 놀랍게도 의로운 역사도 보여주신다. 따라서 우리는 한편으로 신중하게 접근하면서도, 우리가 하는 사역에 소망을 품고 전진할 수 있는 것이다.

내가 이렇게 묘사한 그림에 상당히 혼란스러운 부분이 있음을 인정한다. 칼빈주의자로서 우리는 우리가 몸담고 사는 공적인 영역에서 다음과 같은 명확한 인식을 갖고 공동선을 추구해야 한다. 우리와 함께 살고 있는 세상 사람들은, "악을 선하다 하며 선을 악하다 하며 흑암으로 광명을 삼으며 광명으로 흑암을 삼으며 쓴 것으로 단 것을 삼으며 단 것으로 쓴 것을 삼는"(사 5:20) 자들임을 알아야 한다. 동시에 우리는 주님이 고대에 흩어진 이스라엘 백성들에게 그 이방 도시의 복지를 위해 힘쓰라고 명하신 그 음성을 다시 듣는 환경 가운데 처해 있음을 깨닫고 있다. 이러한 혼란스러움은 우리가 사회와의 관계를 개선하기 위해 임의로 제거하거나 간소화할 수 있는 것이 아니다. 일반 은총 신학을 인정한다는 의미는 이러한 신학적인 혼란스러움이 함께 존재하고 있음을 배우는 것이다. 그러나 이것은 칼빈주의자들을 곤경에 처하게 하려는 것이 아니다. 오히려 신학적 혼란의 경험은 우리가 어떤 신학적인 노력을 기울여도, 결국 우리가 하나님의 신비의 영역에까지 다가갈 수 없음을 겸손하게 인정하도록 인도한다.

이 혼란스러움 가운데서 우리는 사회와 대화를 나누는 데 "중층적" 언어와 "평이한" 언어를 더 잘 분별하여 사용하도록 노력을 기울이게 된다. 이러한 분별력이 있어야 사회에서 일어나는 현상에 대해 입장을 표현할 때 언제, 어떻게, 어떤 언어를 써야 할지를 분명하게 결정할 수 있다. 다시 말해 우리는 분명 하나님이 약속하신 대로 그분의 성령을 선물로 주시는 교회라는 구원받은 백성의 공동체에 깊이 뿌리내리고 있으면서도, 동시에 세상이 도전해올 때 세상 사회 속의 제자도(public discipleship)로 우리가 어떻게 참여할지 고민해야 한다. 그리고 교회는 세상의 공적인 영역이 할 수 없는, 하나님이 우리 공동체에게 주신 약속을 끊임없이 기억하게 하는 역할을 한다. 죄악이 가득한 세상에 대해 우리 주님이 인내하시는 동안 우리가 공적인 기회를 얻게 된다 하더라도, 우리는 여전히 "하나님이 계획하시고 지으실 터가 있는 성"(히 11:10)을 바라고 소망해야 한다.

마르틴 루터는 탁월한 글 「세속의 권위에 대하여」(On Secular Authority)에서, 만일 그리스도인 군주가 "하나님과 사람에게 내적으로나 외적으로 바로 서 있다는 인정을 받으려면" 그는 반드시 영적으로 깨어 있어야 한다고 경고한다. 그리고 루터는 바로 덧붙이기를 그렇게 하기 위해 "그 군주는 엄청난 시기질투와 고통이 수반될 것을 예상해야만 한다"고 했다. 왜냐하면 그는 곧 "십자가가 목에 드리워지는 것을 느낄 수밖에 없기 때문"[14]이라는 것이다. 루터의 말은 그 당시의 군주들뿐만 아니라 오늘날 세상속에서 공동선을 증진시키기 위해 부르심을 받은 모든 그리스도인에게도 진실로 다가온다. 우리의 칼빈주의 선조들이 가혹한 억압 속에 살았을 때, 그들은 말씀을 선포하고, 세례를 베풀고, 성찬을 나누며, 제자도를 실천하는 공동체 속에 자신의 삶을 헌신하는 것이 유일하게 의지할 바임을 믿었다. 그것이 목숨에 위협을 가져올지라도 그들은 기꺼이 순종했다. 그러한 환경 속에서 그들은 "십자가 아래에 거하는 교회"(the churches under the cross)로 자신들을 묘사했다. 이 땅의 어떠한 시대도 칼빈주의자들에게는 진정한 안식처가 될 수 없다는 것이다. 우리가 광범위한 인간의 문화 영역에서 하나님을 섬기고자 한다면—나는 이것이 우리의 의무라고 확신한다—우리도 우리의 목에 십자가가 드리워져 있는 것을 느낄 수밖에 없을 것이다.

제6장 오늘날의 일반 은총 신학

이 책의 초반부에서 1920년대 신학자 포페 텐 호어가 자신이 40년 동안 일반 은총에 관해 씨름하고 나서, 그것이 무엇인지는 확실히 알 수 없지만 분명 일반 은총이라는 것이 존재하기는 한다고 결론을 내린 데에 나도 공감을 표시했다. 텐 호어의 말이 맞다. 그가 일반 은총에 관하여 말한 바와 같은 태도가 다른 신학적인 논쟁에도 자유롭게 적용될 필요가 있다. 최근 토마스 웨난디(Thomas Weinandy)가 언급했듯이, 신학은 "문제를 해결해주는 작업"이라기보다, "신비를 분별하는 작업"(a mystery discerning enterprise)이라는 말이 가장 어울린다. 문제를 해결한다는 말은 곧 혼란스러운 점을 모두 벗겨버린다는 말인데, 우리가 신학적인 연구를 통해서 하는 작업은 이와는 거리가 멀다. 그러나 우리는 신학적인 작업을 통해 "신비의 영역을 더욱 분명하고 확실하게 알 수 있기를 바라며", 만약 그럴 수 있다면 이러한 작업은 아주 값진 일이 될 것이다.[1]

나는 여기서 일반 은총이라는 신비의 윤곽 일부를 분별해보고자 노력했다. 분명 더욱 심도 있게 다뤄야 할 주제에 대해 아주 대략적으로만 다루었음을 시인하지 않을 수 없다. 사실 내가 현재 논하고 있는 주제는, 최근 몇 년 동안 주류 개혁주의 신학자들이 거의 다루지 않았던 주제들이다. 그러나 여기서 내가 지금껏 일반 은총에 대해 논의한 것을 통해 몇 가지 교훈을 얻은 것으로 충분하다고 말할 수는 없다. 오히려 오늘날에 이러한 주제를 어떻게 조명해야 하는지 고민해보아야 한다. 이제 이 논의의 결론에 이르러, 주의를 기울여야 할 사항과 더불어 오늘날 일반 은총을 새롭게 조명하는 데 몇 가지 중요한 점들을 강조하고 싶다.

대안에 대한 논의

일반 은총 신학이 제대로 이해되었다면, 이 신학은 하나님이 인류를 다루심에 있어 그분만의 신비의 영역이 있음을 인정하고자 하는 시도임을 알 수 있다. 일반 은총이 있음을 인식하기 위해서 우리는 "부정의 방식"을 통해 결론에 다다를 수 있다. 이는 일반 은총이 아닌 것을 제거해나가면서, 우리에게 마지막으로 남겨진 것을 발견하는 방식이다. 전통적으로 칼빈주의자들은 그리스도인들과 비그리스도인들 사이에 공통적인 요소가 존재한다고 인정하는 시도조차도 적극적으로 받아들일 수 없었다. 예를 들어 칼빈주의 전통 바깥에서는 일반 계시, 자연법, 자연 신학과 같은 관점을 통해, 공통성에 관한 연구가 활발히 진행되어왔다. 그러나 대개 우리 칼빈주의자들은 이렇게 설명하는 방식에 대해 의심을 가지고 접근해왔다.

우리는 이러한 관점들 각각과 관련된 핵심 사상을 단순히 거부할 마음은 없다. 오히려 내가 보기에는, 오늘날 우리의 문화적인 상황이 그것들을 왜곡되게 바라보게 한다고 생각한다. 하나님은 이 땅을 창조하실 때도 법칙에 따라 하셨으며, 로마서 2:15에 분명히 기록되었듯 모든 인간은 양심이 증거가 되어 법칙을 인식하고 접근할 수 있다. 이러한 법칙이 일반 계시에도 적용이 된다고 할 수 있다. 하나님이 자신의 인격과 성품을 성경 계시 이외의 방법을 통해서도 드러내실까? 물론이다. 벨직 신앙고백은 기록된 성경 말씀 이외의 방법에 대해 다음과 같이 명확하게 기록하고 있다. "우리는 그분의 창조와 보존, 우주의 운행을 통해 하나님을 알 수 있다. 이는 우리 눈앞에 펼쳐진 가장 아름다운 책과 같다. 크고 작은 모든 피조물의 헤아릴 수 없이 많은 다양한 특성들을 대할 때마다, **하나님의 보이지 않는 것들**, 다시 말해 **하나님의 영원한 권능과 신성**을 묵상하게 한다. 이 모든 것이 인간들로 하여금 하나님의 존재를 확실히 알게 하고 또한 다른 핑계를 대지 못하게 한다."[2]

그러나 칼빈주의자들은 모든 인간이 선한 목적을 위해 선한 일을 "스스로" 인식해서 행할 수 있다는 것을 당연하게 여기지 않는다. 내가 방금 인용한 벨직 신앙고백 2조에 대해서도 많은 칼빈주의자들은, 하나님에 관한 진리에 모든 인간이 공통적으로 접근이 가능하다는 주장은 모호하기 때문에, 문자 그대로 해석하면 안 된다고 주장한다. 예를 들어 창조세계에서 하나님에 대한 지식을 알 수 있는 "우리"가 과연 누구냐고 물을 것이다. 여기서 "알 수 있는"(knowing)을 언급할 때, 주체가 되는 것은 하나님의 주권적인 은혜가 작용하여 믿음의 눈을 뜬 자가 아닌가? 여기서 인간들이라고 언급된 부분은 하나님이 창조세계에 명백하게 계시한 것들 때문에, "평계를 대지 못하도록" 하신 믿지 않는 자들이 아닐까? 만일 그들이 하나님을 거역하지 않았더라면 명백하게 볼 수 있었던 것을, 그들이 보지 않기 때문에 정죄를 당하는 것이 아닌가?[3]

내가 앞에서 언급한 도르트 신조가 "타락이 인간 의식에 미친 영향"을 묘사하는 부분은, 이러한 칼빈주의자들이 지적한 양면성을 간략하게 잘 보여주고 있다. 도르트 신조는 다음과 같이 명시한다. 구원받지 못한 자들도 "희미한 자연 이성의 빛"을 간직하고 있어서, 그 희미한 빛을 통해서나마 "하나님에 대해서와 자연 사물에 대해서, 선과 악의 차이점에 대해서 부분적으로 알 수 있으나, 이러한 지식은 인간들을 구원에 이르게 하는 데 전적으로 무능력하며, 타락한 인간은 실질적으로 자연과 사회의 모든 것들을 올바르게 사용하는 데 무능력하다. 하나님 아버지가 아니라면 인간은 이 빛을, 그 상태 그대로, 온갖 방법을 동원하여 오염된 방식으로 사용할 것이며, 계속해서 불의한 상태에 머물 것이다. 이로서 하나님 앞에서 평계를 대지 못할 것이다."[4]

계속되는 경고

분명 다른 전통 출신의 그리스도인들은 칼빈주의자들이 이런 문제에 대해 심각하게 고민하는 것을 이상하게 생각할 것이다. 그러나 분명 여기에는 몇 가지 아주 중요한 차이점이 존재한다. 내가 생각할 때, 칼빈주의자들이 일반 계시나 자연법 사상, 자연 신학이나 그와 유사한 논의에 대해서 가장 크게 염려하는 것은, 그러한 논의로 인해 인간의 도덕적이고 이성적인 능력이 하나님 없이도 완벽하다는 인간 낙관론에 이르게 되는 것이다. 이로 인해 죄의 실질적인 전가에 대한 개념이 거부되거나, 죄의 결과에 대해서는 인정하더라도 곧바로 이어서 은혜의 개념으로 죄를 덮어버리거나, 원죄의 상태를 미화함으로써, 인류에게 주어진 공통된 인간 의식은 회복되었고 이제 죄의 지배에서 자유롭다는 결론에 이르게 될 수 있기 때문이다. 헨리 반틸은 이러한 결론에 도달하는 신학적인 관점을 묘사하기 위해, 제2차 세계대전의 어느 성탄절 이브에 미국군인과 독일군인이 담배를 나눠 피는 비유를 든다. "교회와 세상 사이에는 어떤 사람의 땅도 아닌 회색지대가 존재한다. 그곳에는 휴전이 깃들고, 양쪽 적군들은 성탄절의 평화로운 분위기 속에서 서로 친구가 된다. 같은 담배를 나누어 피면서 말이다."[5]

　때로 칼빈주의자들은 구원받지 않은 자들이 이루어놓은 도덕적이고 지적인 업적에 대해 긍정적으로 이야기하면서도, 구원받지 않은 자들이 하나님과 상관없이 "자율적으로" 선한 생각을 하고 칭찬할 만한 행위를 할 수 있음을 인정하는 것은 주저해왔다. 그 결과, 일반 은총을 가르치면서도, 거듭나지 않은 자들의 도덕적이고 지적인 능력을 평가하는 데 신중을 기해왔다. 구원받지 않은 자들의 사상이나 행위를 올바르게 평가하려면, 무조건 거부하려 하기보다는 주의를 기울여 신중하게 해석하려고 노력해야 한다. 칼빈이 우리에게 확신시켜준 대로 "만일 비록 부패하고 타락된 본성을 지닌 거듭나지 못한 인간의 작품이라 할지라도, 하나님이 주신 놀라운 선물로 장식되었기 때문에, 우리가 하나님의 영을 거스르지 않으려면 멋진 작품을 놓치지 않으면서도 잘못 해석하지 말아야 한다."[6] 그와 반대로 인간에게 진리와 선이 있다고 **가정하고** 접근하는 것 또한 금물이다. 우리는 조심스럽게 접근해야 한다. 진리와 선을 놓치지 않으면서도, 또 세상에 반짝이는 것들이 모두 칼빈이 말한 "하나님의 장식"은 아니라는 것을 명심해야 한다.

　이제는 우리 칼빈주의자들이 일반 은총에 관해서 이렇게 전통적으로 조심스럽게 접근하는 방식에 대해 정직하게 바라봐야 할 중요한 시점에 이르렀다. 특히 우리는 다른 기독교 전통들에 맞서서, 우리의 신학적인 우위를 주장하기 위해 거듭나지 않은 인간의 도덕적이고 지적인 상태에 대해 논쟁적인 변론을 일삼아 왔음을 인정해야 한다. 칼빈주의 신학자들은 다소 공격적인 편이었다. 우리는 우리의 관점을 분명히 하고 재세례파나 로마 가톨릭, 루터교 등의 다른 교파들과 우리 신학의 차별성을 명확히 하고자 했다. 이렇게 우리의 정체성을 분명히 하고자 노력한 데는 여러 가지 역사적인 요인이 있음을 인정한다. 그러나 이제 우리는 허무주의와 상대주의가 팽배한, 그때와는 전혀 다른 시대에 살고 있다. 따라서 이제 우리는 다른 세대의 변화에 맞서서, 모든 기독교 공동체가 힘을 모아 복음 자체의 아주 풍성하고 다양한 측면에 대해 탐구해야 한다. 이러한 시대적 상황에서 우리 모두가 연합하여 다양한 신학적인 전통의 소중한 자원들을 발견하고, 나아가 이 시대의 문제점에 대해 함께 대처해야 한다. 이런 의미에서 일반 은총 가르침은 좋은 자원 중 하나이며, 자연법 이론이나 일반 계시의 신학 또한 오늘날의 상황과 많은 부분에서 연관성을 갖고 있다고 할 수 있다. 이 시대가 우리 그리스도인들에게 던져주는 도전들을 통해서, 우리는 좀더 열린 마음으로 다양한 신학적인 소중한 자원들을 함께 논의하고, 이를 통해 함께 단결할 수 있는 기회를 얻게 된 셈이다.

파편화된 정신

이러한 문제를 논의하는 방식은 틀림없이, 타락한 세상 가운데서 인류의 번영을 이루는 문제와 실질적으로 맞닿아 있다고 확신한다. 나는 여기에 심각성을 느끼고 있다. 분명한 것은 오늘날 인류의 번영을 논하는 문제는 일반 은총 신학에서 다룰 수 있는 영역을 이미 넘어서 있다는 것이다. 그러나 "공통성"의 개념에 대한 부분은 내가 심각히 고민하는 것들의 핵심에 있다.

공통성에 대한 관심은, 몇 년 전 라디오 토크쇼에 전화를 건 어떤 사람과의 대화를 통해 시작되었다. 나는 이 프로그램의 초대 손님이었고, 다른 신학자와 함께 토론에 참여하고 있었다. 주간 뉴스 잡지나 텔레비전 특집 방송과 같은 곳에 종종 커버스토리로 등장하는 주제인, 나사렛 예수라는 인물이 현대 문화 속에서도 계속해서 매력적일 수밖에 없는 이유에 대해 토론하고 있었다. 그때 함께했던 자유주의 신학자는 신약성경에 기록된 예수님 부활 사건의 신빙성에 대해 강력하게 부인했고, 나는 이에 반대하는 견해를 주장했다. 곧 우리는 라디오 청취자를 전화로 연결해서 질문을 받기 시작했다. 첫 전화 연결자는 자신을 글렌데일에 사는 헤더라는 이름의 소녀라고 소개했다. 그녀는 당시 전형적인 미국 십대 소녀가 쓰는 말투로 자신을 표현했다. "나는, 뭐랄까, 당신이 말하는 그리스도인은 아닌데요. 사실 나는 요즘, 글쎄 뭐랄까, 마법이나 주술, 뭐 그건 것들에 좀 빠져 있거든요? 그런데 내가 하고 싶은 말은 풀러 신학교에서 온 아저씨 말이 맞는 것 같아요. 좀 솔직히 말해, 다른 아저씨가 예수님이 진짜로 다시 살아난 게 아니라고 하니까, 사실 엄청 충격 먹었거든요"

내 입장은 헤더가 지지를 표명한 바로 그 방식에 의해 역풍을 맞았던 셈이다. 자신이 마법에 매력을 느낀다고 말하면서, 예수님의 부활을 문자 그대로 믿는다고 말한 것에 대한 충격이 여전히 내게 남아 있다. 헤더가 말한 것을 더 많이 고민할수록, 나는 그녀가 대변하고 있는 오늘날의 문화에 대해서 더욱더 걱정하지 않을 수 없었다.

물론 헤더와 함께 즐거운 대화를 나누었다고 여길 수도 있다. 사도행전 17장에서 사도 바울이 아테네 철학자들과 변론할 때에, 그 초반부에는 매우 건설적이고 친근한 대화를 나누는 듯이 보인다. 그러나 바울이 예수 그리스도의 부활에 대해 말하기 시작하자, 그들은 바울을 조롱하기 시작했다. 그러나 사도행전 저자는 "이 일에 대하여, 네 말을 다시 듣겠다"(행 17:32)라는 반응도 있었음을 덧붙이고 있다. 그리고 그 사람들 중에 일부는 우리가 성경의 다음 부분에서 볼 수 있듯이 결국 예수님을 믿게 되었다고 한다. 가끔씩 나는 이방인들이 예수님의 부활에 호기심을 갖고 질문해올 때, 바울이 그 대화를 어떻게 이끌어갔을지 궁금해진다. 아마도 라디오에서 만난 글렌데일에 사는 헤더와의 대화에서 내가 느낀 것을 바울도 느끼지 않았을까 하는 생각이 든다.

그러나 무엇보다도 헤더가 걱정된다. 내가 걱정하는 것은 그녀가 여러 파편조각 같은 여러 신념 체계를 받아들여, 파편조각과 같은 세계관을 갖고 살아가고 있다는 점이다. 나는 그녀에게 어떻게 마법을 받아들이는 동시에 복음서에 나오는 부활 사건을 받아들일 수 있는지 물어볼 기회가 없었지만, 내가 보기에는 그녀가 동시에 두 가지의 실제를 삶의 체계로 진지하게 받아들이고 있다고 생각하지는 않는다. 오히려 그녀는 그 두 세계관 사이에 아무런 관련성도 고민해보지 않은 채, 이도 좋고 저도 좋은 것처럼 받아들이고 있었을 것이다. 그래서 내가 걱정하는 것은 도저히 양립할 수 없는 체계들이 그녀의 의식 속에서는 아무런 문제 없이 공존하고 있다는 데 있다.

더욱 걱정스러운 것은 영향력이 있는 사상가들 가운데, 분명히 이렇게 조각나 분열된 자아에 대해 실질적으로 찬동하고 있는 지도자들이 있다는 것이다. 예를 들자면, 케네스 거겐(Kenneth Gergen)을 들 수 있는데 그는 심리학자로서 『흡수된 자아: 현대 생활과 정체성의 딜레마』(The saturated self: Dilemmas of Identity in contemporary Life)라는 제목의 책에서 현대인의 자아상에 대해 다양한 논의를 시도했다. 거겐은 인간이 영혼이나 무의식이 존재하는지, 혹은 인간의 내재적 가치나 타고난 이성 능력이 존재하는지에 대한 논의와 같은 오래된 인격 이해 방법은, 포스트모더니즘의 새로운 관점에서 볼 때는 가치가 없다고 주장했다.

결국 이러한 것들은 인간의 실제 인격 자체를 보여주는 것이 아니라, 그저 언어의 말하는 방식에 불과하다. 모든 것을 하나의 전체적인 큰 틀로 이해하려 하기 때문에, 논의에는 다른 선택의 여지가 희박하고 억압적인 구조가 다분한 데 비해, 포스트모더니즘은 어떠한 담화도 표현할 수 있는 모든 가능성을 열어줄 뿐만 아니라, 그 안에서 어떤 담화든 자유롭게 논의될 수 있다.[7]

거겐은 포스트모더니즘의 관점이 사람들을 돕는 가장 좋은 관점임을 주장한다. "사람들을 의미의 끝없는 미로에서 자유롭게 다니게 한다면, 그 과정에서 자신의 모순이 해소되는 것을 경험하게 된다."[8] 분명 거겐은 각각의 사람들이 "다양하고 풍부하게 형성된 파편화된 이야기들을 잘 통합해감으로써, 텍스트를 넘어서 새로운 형태로 풍성하게 세상을 이해하는 방법을 찾기"[9]를 바란다. 그러나 하나의 세상 속에서 상대적인 비교 평가 기준이 모호할 뿐 아니라, 심지어 그 상대적 기준이 강요되는 현실 속에서 거겐과 같은 목표로 나아가기 위해서 어떠한 기준들이 필요한지도 확실하지 않다. 왜 가난한 자를 섬기려고 하는 자아보다, 야구팀 다저스의 팬이 되어 열광하는 자아가 덜 가치 있게 여겨지는가? 왜 나는 어떤 본능이나 특정한 것에 대한 특별한 선호를 갖고 있을까? 건강한 자아와 덜 건강한 자아의 차이가 무엇일까? 예수님을 만난 귀신 들린 젊은 남자가 "내 이름은 군대귀신이니 우리가 심히 많음이니이다"(막 5:9)라고 말한 것처럼, 우리 가운데 분열된 자아들이 수없이 존재한다고 솔직하게 드러내지 못하게 하는 것은 과연 무엇인가?

더 큰 파편화

헤더의 분열된 내면의 삶의 모습을 걱정하는 나의 마음은 그녀를 그러한 정신적인 혼란 가운데 처하게 만든 그녀 주변의 도덕적·영적 문화에까지 확장될 수밖에 없다. 어쩌면 헤더가 그 커다란 문화의 축소판이라는 생각마저 든다. 그것도 아주 혼돈스러운 축소판 말이다.

1990년, 잡지 「하퍼스」(Harper's)는 도시 지역 전문가 다섯 명을 초청해서, 당시 미국의 공공장소에서 무슨 일이 일어나고 무슨 일은 일어나지 않는지 토론회를 열었다. 편집인들은 도시 전문가들에게, 어쩌다 공공의 삶이 악화되어 라디오 토크쇼나 제리 스프링거(Jerry Springer) 타입의 텔레비전쇼에 등장하는 "역겨운 이야기"의 상태까지 오게 되었는지 물었다. 그 전문가들은 두 명의 건축가와 한 명의 도시설계사, 한 명의 사회학자, 한 명의 조각가로 구성되어 있어서, 그들은 자연스럽게 도시 지역의 물리적이고 외형적인 차원에 특별한 관심을 기울였다. 그래서인지 그들 사이에서는 건강한 도시를 만들 수 있는 대안들에 대해 전혀 일치가 이루어지지 않았다. 그러나 그들은 도시 공동체들의 문제가 개선될 여지가 없다는 데는 모두가 의견을 모았다. 또한 아무리 좋은 도시 지역 개선책을 세운다고 하더라도, 단 한 가지 방법만으로는 해결될 수 없다는 데도 의견을 같이했다. 그중 한 건축가는 다음과 같이 말했다. "공적인 공간을 설계하고, 공적인 삶의 모습을 개선하는 데 우리에게 필요한 개념은, 우리 사회가 다양한 조각들의 집합체라는 개념이나, 서로의 차이점을 인정하는 모습이 아니다. 오히려 우리의 차이점에도 불구하고 어떤 공통점들이 우리 사이에 있는지 발견하는 것이다. 이는 전체성(wholeness)이라는 말로 표현할 수 있을 것이다."[10]

나는 칼빈주의자로서, 구원하시는 하나님 은혜의 변혁적인 능력이 없이는, 우리의 개인적인 영역에서건 공적인 영역에서건, 이 전체성의 중요성을 발견하는 데 낙관할 수 없다고 확신한다. 그러나 나는 오늘날 우리가 경험하는 여러 가지 발전들을 보면서, 일반 은총의 통합하고 보존하는 능력으로 세상이 지속적으로 발전할 가능성이 있다는 주장도 포기하지 않는다. 이와 함께 그리스도인들이 적극적으로 일반 은총 사역에 개입하여, 그러한 증거를 더 많이 이 땅에 나타내 보일 수 있는 가능성이 있다는 주장도 포기할 수 없다.

소망의 증거

나는 기독교 공동체가 헤더나 그녀와 같은 사람들의 실제적인 삶에 적용할 수 있는, 인간의 공통성이 의미하는 바를 탐구하기를 바란다. 일반 은총 신학은 우리 모두가 공유하고 있는 본질적인 인간성을 전제하기 때문에, 이러한 탐구를 하는 데 긍정적이다. 그리고 이 신학은 심지어 우리의 공유된 인간성의 개념이 완전히 "해체된"(deconstructed) 것으로 보이는 곳에서도 그 공통성에 대한 증거를 찾도록 영감을 준다.

케네스 거겐은 우리에게 풍성하고 다양한 담화가 서로 섞여 있는 모습 자체를 하나의 축제처럼 생각하자고 제안한다. 왜냐하면 그것 자체가 내적이든 외적이든 즐겁게 대화를 나눌 수 있는 이야깃거리를 제공하기 때문이다. 그러나 나는 피상적으로 나누는 즐거운 대화보다는, 우리가 경험하고 있는 현실을 더 깊이 나눌 수 있는 대화를 더 좋아한다. 포스트모더니즘이 현실에 대한 담론을 **피상적인** 영역만으로 제한한다고 분석한, 가톨릭 철학자 알버트 보그만(Albert Borgmann)은 이러한 깊이 있는 대화의 가능성을 시사했다. 그는 이러한 포스트모더니즘의 병폐를 지적하면서, 현실의 풍성한 개별성 속에서 더 깊은 차원을 더 깊이 재발견하도록 촉구한다. 이는 "우리의 정체성을 지정해주고, 우리의 삶에 은혜를 주는 요소"를 인식하는 것이다.[1] 신학자 마크 하임(Mark Heim)이 종교 간의 대화의 장점에 대해 말한 부분은, 우리의 공적인 영역의 다양한 대화를 위해서도 폭넓게 적용될 여지가 많다. "우리 안에 다른 믿음들에 대해 더 잘 알게 될수록, 우리가 듣고자 노력하기만 하면 우리는 더욱 우리의 중심에서부터 그 믿음들을 확신하게 되는 근원이 어디이며, 우리가 비판적으로 말해야 하는 부분이 어디인지 더욱 잘 알게 될 것이다."[12] 글렌데일에 사는 헤더나 그녀와 같은 다른 사람들의 삶을 오염시킨 혼돈된 언어 속에서도, 우리가 더 주의 깊게 듣는다면, 우리는 공유된 인간성으로부터 뿜어져 나오는 간절한 열망들을 잘 분별할 수 있을 것이다.

몇 년 전, 자크 데리다(Jacques Derrida)가 콜럼비아 대학교 출판부에서 자신의 글을 엮어 책으로 출판하는 문제로 논쟁에 휘말리게 되었다. 데리다는 자신의 책을 번역한 것이 마음에 안 들었든지 아니면 번역자가 마음에 안 들었든지, 그 책이 출판되지 못하도록 법적인 조치를 취한 것이다. 「뉴욕 도서 평론」(*The New York Review of Books*)은 "데리다의 반란"(L'Affaire Derrida)이라는 제목으로 그에 대한 찬성과 반대 의견에 상당한 지면을 할애했다. 논쟁을 주고받던 중 데리다는 상대 비평가들이 자신에게 씌운 혐의에 대해 상당한 불쾌감을 토로했다. 그는 말하기를, 다시 입장을 표명하는 것은 유감이지만, 그럼에도 이는 절대 무시되어서는 안 되는 "몇 가지 확고하고 중대한 사실들"(a few stubborn and massive facts)을 다시 상기할 필요가 있었기 때문이라고 했다.[13]

특히 내게는 이 부분이 데리다의 글 중에서 상당한 재미를 느끼는 몇 안 되는 부분 중 하나다. 그가 말한 "몇 가지 확고하고 중대한 사실들"이란 표현은 흥미롭고 가치가 있어서, 더 넓게 적용될 수 있을 것이다. 비록 우리와 다르지만, 다양하고 복합적인 담화를 나누는 데에 주로 관심이 있는 포스트모던 사상가들과도 우리는 계속해서 대화를 나눠야 할 이유가 존재한다. 우리가 이들과 대화를 지속하기 위해 최선을 다한다면, "공통성"과 "합의점"을 향한, 더 간절한 열망들에 대한 증거가 보일 것이다. 만일 세상을 위해서, 다양하고 풍성하게 논의하는 "축제"를 즐기는 것보다 좀더 굳건한 근본을 다지는 것에 관심이 있는 자들은, 세상 사람들에게 인간의 본성에 대한 "몇 가지 확고하고 중대한 사실들"을 직시할 것을 주장해야 한다. 우리가 부단하게 노력한다면 우리 개인과 공동체의 삶의 깊은 곳에서만 발견될 수 있는 강력한 명제를 함께 발견하는 새로운 국면을 맞이하게 될 것이다.

광대하신 자비

나는 이 논의를 진행하면서 칼빈주의자들이 질리도록 사용하는 범주인 선택받은 자들과 선택받지 않은 자들, 혹은 유기된 백성이라는 범주를 마음껏 사용해왔다. 나는 달리 말할 방법이 없다. 이 범주들은 분명 성경적이기 때문이다. 그럼에도 불구하고 나는 모든 인류를 명확히 두 부류로 나누는 방법에 대한 분명한 기준이 있다고 말하려고 의도하지도 않았다. 특별히 이 부분에서 우리 유한한 인간은 무한하신 하나님의 위대한 신비 앞에 서 있음을 확신한다. 그러나 이 논의를 통해—비록 나는 보편 구원론자는 아니지만—하나님이 소수만을 선택하신다는 칼빈주의의 지배적인 모티브보다는 하나님의 자비가 너무도 광대하시다는 사실을 더욱 강조하고 싶었다. 나는 분명 하나님이 마지막 때에 선택받은 백성을 부르신다는 성경적인 비전을 심각하게 받아들인다. 그들은 "각 나라와 족속과 백성과 방언에서 아무도 능히 셀 수 없는 큰 무리"이며, "구원하심이 보좌에 앉으신 우리 하나님과 어린양께 있도다"(계 7:9, 10)라는 승리를 외칠 하나님의 백성들이다. 나뿐만 아니라 어떤 사람도 자신 있게 말할 수는 없겠지만, 현재 우리가 생각하고 있는 일반 은총의 상당 부분은 마지막 때에 구원의 은혜로 드러날지도 모른다. 그러나 그때까지는 우리는 하나님이 우리에게 분명하게 말씀하신 방식대로 주님을 섬길 의무가 있다. 이에 칼빈주의자들은 신명기 29:29을 즐겨 인용해왔다. "감추어진 일은 우리 하나님 여호와께 속하였거니와 나타난 일은 영원히 우리와 우리 자손에게 속하였나니 이는 우리에게 이 율법의 모든 말씀을 행하게 하심이니라."

그러나 우리가 하나님이 우리에게 이 "모든 말씀"(all the words)을 주셨다고 할 때, 반드시 기억해야 할 것은 이 말씀 속에는 하나님의 율법을 어기고 사는 인간을 향한 하나님의 자비하심도 반드시 포함되어 있다는 것이다. 칼빈주의 사상에서 이러한 긍휼과 자비를 우리가 실천해야 하는 신학적인 근거는 모든 인간이 하나님의 형상으로 창조되었다는 사실에 있다. 그래서 칼빈주의자들은 비록 창조된 실제가 죄에 의해 심각하게 왜곡되었을지라도, 하나님은 여전히 그분이 창조하신 것들을 소중하게 여기신다고 강조해왔다. 아브라함 카이퍼는 "하나님은 그분으로부터 떨어져 나간 모든 영혼을 그리워하신다. 왜냐하면 죄의 영향력은 하나님이 만드신 것을 파괴할 뿐만 아니라, 하나님의 형상을 해침으로써, 결국 하나님께 상처를 주는 것이 되기 때문이다"라고 말했다. 카이퍼가 묘사한 것처럼, 우리의 인간성에 대해 무자비하게 공격하는 것은 마치 "당신이 한 아이를 어머니가 보는 앞에서 낚아채서, 그 자리에서 죽이는 것과 같다. 이것은 하나님의 걸작품에 대한 사랑을 무시하는 것이며, 의도적으로 공격하는 것일 뿐만 아니라, 나아가 하나님의 마음에 가장 깊은 상처를 주는 것이다."[14] 만일 죄의 영향력에도 불구하고 인류를 향한 하나님의 깊은 사랑이 지속된다면, 일반 은총의 신학은 우리가 그리스도인으로서 하나님의 사랑을 높이고 나타내도록 인도하는 소중한 자원이 될 것이다.

제1장_공통성에 대한 고찰

1. Cornelius Van Til, *Common Grace* (Philadelphia: Presbyterian and Reformed Publishing Co., 1954).

2. Martin B. Copenhaver, Anthony B. Robinson, and William H. Willimon, *Good News in Exile: Three Pastors Offer a Hopeful Vision for the Church* (Grand Rapids: Eerdmans, 1999), pp. 9-11.

3. Erskine Clarks, ed., *Exilic Preaching: Testimony for Christian Exiles in an Increasingly Hostile Culture* (Harrisburg, Pa.: Trinity Press International, 1998), pp. 110-130.

4. Clarke, *Exilic Preaching*, p. 134.

5. Richard Bernstein, *The New Constellation: The Ethical-Political Horizons of Modernity/ Postmodernity* (Boston: MIT Press, 1992), p.199에서 인용.

6. 예를 들어, Michael Chromatie ed., *Preserving Grace: Protestants, Catholics and Natural Law* (Grand Rapids: Eerdmans, 1997)에 있는 논문이나 대화를 보라. 로마 가톨릭 윤리학자 진 포터(Jean Porter)의 책, *Natural and Divine Law: Reclaiming the Tradition for Christian Ethics* (Grand Rapids: Eerdmans, 1999)는 좀더 체계적으로 되어 있다. 이 책에는 개혁주의 철학자 니콜라스 월터스토프(Nicholas Wolterstorff)의 서문이 포함되어 있다.

제2장_"라바디스트"들의 교훈

1. 1924년에 쓰여진 "Three Points"의 전체 텍스트로는 Herman Hoeksema, *The Protestant Reformed Churches in America: Their Origins, Early History and Doctrine* (Grand Rapids: First Protestant Reformed Church, 1936), pp. 84-85을 보라. 훅세마의 책에서는 이 문제에 대해 관련된 다른 문헌을 기록하고 있으며, 이 문제의 공식적인 입장을 둘러싼 사항에 대해 가장 자

세하게 설명하고 있다. 또한 이와 관련한 교회적인 문제나 신학적인 문제에 대해서도 그의 견해를 밝히고 있다.

2. 예를 들어, Herman Hanko, *For Thy Truth's Sake: A Doctrinal History of the Protestant Reformed Churches* (Grandville, Mich.: Reformed Free Publishing Association, 2000)를 보라.

3. James D. Bratt, *Dutch Calvinism in Modern America: A History of a Conservative Subculture* (Grand Rapids: Eerdmans, 1984), pp. 105-19; "미국화가 진행되는 중요한 10년"(the decisive decade of Americanization)에 관한 언급은 119쪽에 있다.

4. Henry Stob, "Observation on the Concept of the Antithesis," in Peter De Klerk and Richard R. De Ridder, eds., *Perspectives on the Christian Reformed Church: Studies in Its History, Theology, and Ecumenicity* (Grand Rapids: Baker Book House, 1983), pp. 252-53.

5. Stob, "Observation," pp. 248-49.

6. Hoeksema, *Protestant Reformed Churches*, p. 67.

7. Stob, "Observations," p. 241.

8. Stob, "Observations," p. 242.

9. John Calvin, *Institutes of the Christian Religion*, ed. John T. McNeil, trans. Ford Lewis Battles (Philadelphia: Westminster Press, 1960), II. 3.6, pp. 297-98.

10. Calvin, *Institutes* II.3.3, p. 292.

11. Calvin, *Institutes* II.2.13, p. 272.

12. Calvin, *Institutes* II.2.14, p. 273.

13. Calvin, *Institutes* II.2.15, pp. 273-75.

14. Calvin, *Institutes* II.2.13, pp. 272-73.

15. Calvin, *Institutes* II.3.4, p. 294.

16. Calvin, *Institutes* II.2.12, pp. 270-71.

17. The Canons of the Synod of Dort, Heads III and IV, art. 4, in Philip Schaff, ed., *The Creeds of Christendom, with a History and Critical Notes*, vol. III (Grand Rapids: Baker Books, 1996), p. 588

18. Hoeksema, *Protestant Reformed Churches*, p. 313

19. Hoeksema, *Protestant Reformed Churches*, p. 314

20. Hoeksema, *Protestant Reformed Churches*, p. 307

21. Hoeksema, *Protestant Reformed Churches*, p. 372.

22. Hoeksema, *Protestant Reformed Churches*, p. 384.

23. Hoeksema, *Protestant Reformed Churches*, p. 16.

24. Belgic Confession, Art. XXXVI, in Schaff, *Creeds*, Vol. III, p. 433

25. The schleitheim Confession , Art. VI, http://www.anabaptist.org/history/schleith.html

26. Willem Balke, *Calvin and the Anabaptist Radicals*, trans. William Heynen (Grand Rapids: Eerdmans, 1981).

27. Calvin, *Institutes* IV.12.12, p. 1239.

28. 참조. John H. Yoder, "Reformed Versus Anabaptist Social Strategies: An Inadequate Typology" and Richard J. Mouw, "Abandoning the Typology: A Reformed Assist," *TSF Bulletin* 8, no. 5 (May-June 1985): 2-10.

29. 참조. F. Ernest Stoeffler, *The Rise of Evangelical Pietism, Studies in the History Religions*, vol. 9 (Leiden: E. J. Brill, 1965), pp. 162-69. 미국에서 네덜란드 개혁주의 가운데 라바디즘을 규탄한 예를 보려면, James Tanis, *Dutch Calvinist Pietism in the Middle Colonies: A Study in the Life and Theology of Theodorus Jacobus Frelinghysen* (The Hague: Martinus Nijhoff, 1967), pp 143-45, 151, 159; William O. Van Eyck, *Landmarks of the Reformed Fathers, or What Dr. Van Raalte's People Believed* (Grand Rapids: Reformed Press, 1922), pp. 189, 196을 보라.

30. 그 예로, Leonard Verduin, *Honor Your Mother: Christian Reformed Roots in the 1834 Separation* (Grand Rapids, Mich.: CRC Publications, 1988), p. 21을 보라.

31. Letter from W. Heyns to J. K. Van Baalen, Nov. 3, 1922, Heritage Hall, Calvin College: translation by Dick Mouw.

32. Hoeksema, *Protestant Reformed Churches*, p. 92.

33. Stob, "Observations," p. 251.

34. Stob, "Observations," p. 246.

35. Stob, "Observations," p. 251.

36. Herman Dooyeweerd, *Roots of Western Culture: Pagan, Secular, and Christian Options*, ed. Mark Vander Vennen and Bernard Zylstra, trans.

John Kraay (Toronto:Wedge Publishing Foundation, 1979), pp. 1-2에서 인용.

37. Dooyeweerd, *Roots of Western Culture*, p. 3. 『서양문화의 뿌리』(크리스챤다이제스트 역간).

38. Abraham Kuyper, "Common Grace," in James D. Bratt, ed., *Abraham Kuyper: A Centennial Reader* (Grand Rapids: Eerdmans, 1998), p. 191.

39. Abraham Kuyper, "Common Grace," p. 194

40. David J. Engelsma, "The Reformed Worldview: 3. The Failure of Common Grace (cont.)," *The Standard Bearer*, September 1, 1998, p. 462.

41. Calvin, *Institutes* II.2.14, p. 273.

42. Calvin, *Institutes* II.2.14, p. 273; 마우 강조.

제3장_하나님은 모든 아름다운 것 가운데 빛나신다

1.   Austin Farrer, "The Charms of Unbelief," in *A Faith of Our Own* (Cleveland: The World Publishing Co., 1960), pp. 13-14.

2.   Canons fo Dort, Head I, Art. 15, in Philip Schaff, ed., *The Creeds of Christendom, with a History and Critical Notes*, vol. III (Grand Rapids: Baker Books, 1996), p. 584

3.   참조. Harry S. Stout, *The Divine Dramatist: George Whitefield and the Rise of Modern Evangelicalism* (Grand Rapids, Mich.: Eerdmans, 1991), pp. 220-33.

4.   Herman Hoeksema, *Reformed Dogmatics* (Grand Rapids: Reformed Free Publishing Assocation, 1966), p. 165.

5.   Herman Hoeksema, *The Protestant Reformed Churches in America: Their Origin, Early History and Doctrine* (Grand Rapids: First Protestant Reformed Church, 1936), p. 314.

6.   Heidelberg Catechism, Question and Answer 8, in Schaff, *Creeds*, Vol. III, p. 310; 마우 강조.

7.   Canons of Dort, Heads III and IV, art. 3, in Schaff, *Creeds*, Vol III, p. 588 마우 강조.

8.   Westminster Confession of Faith, Chapter XVI, Article 7, in Schaff, *Creeds*,

Vol. III, p. 636

9. Westminster Confession of Faith, Chapter XVI, Article 7, in Schaff, *Creeds*, Vol. III, p. 636

10. Abraham Kuyper, *The Work of the Holy Spirit*, trans. Henri de Vries (New York: Funk and Wagnalls, 1900), p. 24. 『성령의 사역』(성지출판사 역간).

11. Kuyper, *Work of the Holy Spirit*, p. 22.

12. Kuyper, "Common Grace," p. 179.

13. John Bolt, "Common Grace, Theonomy, and Civic Good: The Temptations of Calvinist Politics," *Calvin Theological Journal* 33, no. 2 (November 2000): 237.

14. Georges Bernanos, *Diary of a Country Priest* (New York: Carroll and Graf Pubilshers, 1989), p. 298.

15. Henry R. Van Til, *The Calvinistic Concept of Culture* (Grand Rapids: Baker Book House, 1959), p. 230.

16. Van Til, *Calvinistic Concept of Culture*, p. 231.

17. Henry Stob, *Theological Reflections: Essays on Related Themes* (Grand Rapids: Eerdmans, 1981), p. 24.

18. Susan E. Schreiner, *The Theater of His Glory: Nature and the Natural Order in the Thought of John Calvin* (Grand Rapids: Baker Book House, 1991), p. 28. 이러한 주제에 대한 칼빈의 관점을 설명한 부분에서, 슈라이너는 특히 욥기와 시편에 대한 자신의 설교와 주석을 다양하게 인용하고 있다.

19. Schreiner, *Theater of His Glory*, p. 29.

20. Schreiner, *Theater of His Glory*, p. 30.

21. William J. Bouwsma, *John Calvin: A Sixteenth Century Portrait* (New York: Oxford University Press, 1988), 특히 "Calvin's Anxiety" pp. 32-48을 보라.

22. Van Til, *Calvinistic Concept of Culture*, p. 244.

23. Charles Spurgeon, *All of Grace*, http://www.spurgeon.org/all_of_g.htm, section 5. 『구원의 은혜』(생명의말씀사 역간).

제4장_"타락 전"인가, "타락 후"인가?

1. *The Canons of the Synod of Dort*, Head I, art. 7, in Philip Schaff, ed., *The*

    Creeds of Christendom, with a History and Critical Notes, Vol. III (Grand Rapids: Baker Books, 1996), p. 582.

2. "Conclusies van Utrecht, 1905," English transltation, in Christian Reformed Church's *Acts of Synod, 1942* (Grand Rapids: Christian Reformed Publishing House, 1942), p. 352.

3. David Newsome, *The Parting of Friends: The Wiberforces and Henry Manning* (Grand Rapids: Eerdmans, 1993), pp. 47-48.

4. Alfred Kazin, *God and the American Writer* (New York: Alfred A. Knopf, 1997), p. 3.

5. Karl Barth, *Church Dogmatics*, vol. II/2, ed. G. W. Bromiley and T. F. Torrance (Edinburgh: T & T Clark, 1957), p. 131.

6. Richard A. Muller, *Christ and the Decree: Christology and Predestination in Reformed Theology from Calvin to Perkins* (Durham, N.C.: The Labyrinth Press, 1986), p. 182.

7. Herman Hoeksema, *Reformed Dogmatics* (Grand Rapids, Mich.: Reformed Free Publishing Association, 1966), p. 164.

8. Barth, *Church Dogmatics* II/2, p. 128.

9. Barth, *Church Dogmatics* II/2, p. 129.

10. David Hume, *Principle Writing on Religion: Including Dialogues Concerning Natural Religion and The Natural History of Religion*, ed. J. C. A. Gaskin (New York: Oxford University Press, 1993), pp. 191-92; quote from Ramsay's *Philosophical Principles and Revealed Religion* (Glasgow, 1748-49), Part II, p. 401.

11. William Ellery Channing, "The Moral Argument Against Calvinism," in *William Ellery Channing: Selected Writing*, ed. David Robinson (New York: Paulist Press, 1985), p. 118.

12. Thomas E. Jenkins, *The Character of God: Recovering the Literary Power of American Protestantism* (New York: Oxford University Press, 1997), p. 101.

13. Jenkins, *Character of God*, p. 203.

14. Herman Bavink, *The Doctrine of God*, trans. William Hendriksen (Grand Rapids: Eerdmans, 1951), p. 385. 『개혁주의 신론』(기독교문서선교회 역간).

15. Hoeksema, *Reformed Dogmatics*, p. 159.

16. Hoeksema, *Reformed Dogmatics*, p. 165.

17. Bavinck, *Doctrine of God*, p. 391.

18. Bavinck, *Doctrine of God*, p. 387.

19. Hoeksema, *Reformed Dogmatics*, p. 112.

20. 참조. Hoeksema, *Reformed Dogmatics*, pp. 126-27, 614-15.

21. Bavinck, *Doctrine of God*, p. 387.

22. Bavinck, *Doctrine of God*, p. 371.

23. Bavinck, *Doctrine of God*, pp. 392-93.

24. Barth, *Church Dogmatics* II/2, pp. 136.

25. Barth, *Church Dogmatics* II/2, pp. 143-44.

26. Alasdair MacIntyre, *After Virtue: A Study in Moral Theory* (Notre Dame, Ind.: University of Notre Dame Press, 1981), 50-52, 『덕의 상실』(문예출판사 역간); 또한 MacIntyre, *A Short History of Ethics: A History of Moral Philosophy from the Homeric Age to the Twentieth Century* (New York: Macmillan, 1966), pp. 121-27을 보라. 나는 개혁주의 사상에 대한 매킨타이어(MacIntyre) 설명을 Mouw, *The God Who Commands* (Notre Dame, Ind.: University of Notre Dame Press, 1990), pp. 55-75에서 충분히 논의하고 있다.

27. John Calvin, *Institutes of the Christian Religion*, trans. Ford Lewis Battles, ed. John T. McNeill (Philadelphia: Westminster Press, 1960), II.2.18.

28. Barth, *Church Dogmatics* II/2, pp. 133, 140-41.

29. Barth, Church Dogmatics II/2, p. 3-506.

30. 예를 들어, Paul Jewett, *Election and Predestination* (Grand Rapids: Eerdmans, 1985)을 보라.

31. Barth, *Church Dogmatics* II/2, p. 137.

32. Barth, *Church Dogmatics* II/2, p. 137.

33. Barth, *Church Dogmatics* II/2, p. 136.

34. C. S. Lewis, *The Weight of Glory and Other Addresses* (Grand Rapids: Eerdemans, 1965), p. 14. 『영광의 무게』(홍성사 역간).

35. Barth, *Church Dogmatics* II/2, p. 137.

36. Calvin, *Institutes*, II.8.51.

37. Belden C. Lane, *The Solace of Fierce Landscapes: Exploring Desert and Mountain Spirituality* (New York: Oxford University Press, 1998), p. 53.

38. MacIntyre, *After Virtue*, p. 22.

제5장_공동선의 추구

1. Richard J. Mouw, *Uncommon Decency: Christian Civility in an Uncivil World* (Downers Grove, Ill.: InterVarsity Press, 1992). 『무례한 기독교』(IVP 역간).

2. Mouw, *Uncommon Decency*, p. 35.

3. Klass Schilder, *Christ and Culture*, trans G. Van Rongen and W. Helder (Winnipeg: Premier Printing Ltd, 1977), pp. 69-70

4. Schilder, *Christ and Culture*, p. 86.

5. John Calvin, *Institutes of the Christian Religion*, trans. Ford Lewis Battles. ed. John T. McNeil (Philadelphia: Westminster Press, 1960), IV.20.4, p. 1490.

6. Abraham Kuyper, "Common Grace," in James D. Bratt, ed., *Abraham Kuyper: A Centennial Reader* (Grand Rapids: Eerdmans, 1998), p. 197; 마우 강조.

7. Herman Hoeksema, *The Protestant Reformed Churches in America: Their Origin, Early History and Doctrine* (Grand Rapids: First Protestant Reformed Church, 1936), p. 317.

8. Calvin, *Institutes*, IV.20.12, p. 1500.

9. *Gaudium et Spes* ("Pastoral Constitution of the Church in the Modern World"), in Austin P. Flannery, ed., *Documents of Vatican II* (Grand Rapids: Eerdmans, 1975), p. 903

10. Stanely Hauerwas, *After Christendom? How the Church Is to Behave If Freedom, Justice, and a Christian Nation Are Bad Ideas* (Nashville: Abingdon Press, 1991).

11. J. Bryan Hehir, "Personal Faith, the Public Church, and the Role of Theology," *Harvard Divinity Bulletin* 26, no. 1 (1996): 5.

12. Hehir, "Personal Faith," p. 5.

13. Heidelberg Catechism, Questions and Answers 47, 49, in Phillip Schaff,

ed., *The Creeds of Christendom, with a History and Critical Notes*, vol. III (Grand Rapids: Baker Books, 1996), pp. 322-23.

14. Martin Luther, "On Secular Authority," in Harro Hopfl, ed., *Luther and Calvin on Secular Authority*, Cambridge Texts in the History of Political Thought (Cambridge: Cambridge University Press, 1991), p. 41.

제6장_오늘날의 일반 은총 신학

1. Thomas G. Weinandy, O.F.M., Cap., *Does God Suffer?* (Notre Dame: University of Notre Dame Press, 2000), pp. 32-34.

2. Belgic Confession, Art. II, in Philip Schaff, ed., *The Creeds of Christendom, with a History and Critical Notes*, vol. III (Grand Rapids: Baker Books, 1966), p. 384.

3. 이 문제에 대해 좀더 깊게 논의하고자 한다면, G. C. Berkouwer, *General Revelation: Studies in Dogmatics* (Grand Rapids: Eerdmans, 1955), especially Chapter 10, "The Controversy Regarding Article II of the Belgic Confession"을 보라. Article II에 대해 프로테스탄트 개혁주의가 해석한 것을 간략하게 보려면, Herman Hanko, *For Thy Truth's Sake: A Doctrinal History of the Protestant Reformed Churches* (Grandville, Mich.: Reformed Free Publishing Association, 2000), pp. 141-57을 보라.

4. Canons of Dort, Heads III and IV, Art. IV, in Schaff, *Creeds*, Vol. III, p. 588.

5. Henry R. Van Til, *The Calvinistic Concept of Culture* (Grand Rapids: Baker Book House, 1959), p. 240.

6. John Calvin, *Institutes of the Christian Religion*, ed. John T. McNeil, trans. For Lewis Battles (Philadelphia: Westminster Press; 1960), II.2.15, pp. 273-75.

7. Kenneth J. Gergen, *The Statured Self: Dilemmas of Identity in Contemporary Life* (New York: Basic Books, 1991), p. 247.

8. Gergen, *Saturated Self*, p. 256.

9. Gergen, *Saturated Self*, p. 259.

10. Elizabeth Plater-Zyberk, "Whatever Became of the Public Square?"

Harper's, July 1990, p. 60.

11. Albert Borgmann, *Crossing the Postmodern Divide* (Chicago: University of Chicago Press, 1992), p. 82.

12. S. Mark Heim, *Is Christ the Only Way? Christian Faith in a Pluralistic World* (Valley Forge, Pa.: Judson Press, 1985), p. 150.

13. Jacques Derrida, letter in "'L'Affaire Derrida': Another Exchange," *The New York Review of Books*, March 25, 1993, p. 65.

14. Abraham Kuyper, *To Be Near Unto God*, trans. John Hendrick De Vries (Grand Rapids: Baker Book House, 1979), pp. 30-31.

문화와 일반 은총

하나님은 모든 아름다운 것 가운데 빛나신다

Copyright ⓒ 새물결플러스 2012

1 쇄 발 행	2012년 3월 12일
2 쇄 발 행	2014년 11월 20일
지 은 이	리처드 마우
옮 긴 이	권혁민
펴 낸 이	김요한
펴 낸 곳	새물결플러스
편 집	김남국·노재현·박규준·왕희광·정인철·최율리
디 자 인	이민연
마 케 팅	이성진
총 무	김명화
홈 페 이 지	www.hwpbooks.com
이 메 일	editor.holywaveplus@gmail.com
출판등록	2008년 8월 21일 제2008-24호
주 소	(우) 158-718 서울특별시 양천구 목동동로 233-1 현대드림타워 1401호
전 화	02) 2652-3161
팩 스	02) 2652-3191

ISBN 978-89-94752-16-7   03230

책값은 뒤표지에 있습니다.